智能时代的商业模式

胡禹成◎著

当代中国出版社
Contemporary China Publishing House
2021年·北京

图书在版编目(CIP)数据

智能时代的商业模式 / 胡禹成著. -- 北京 : 当代中国出版社, 2021.5

ISBN 978-7-5154-1085-2

Ⅰ. ①智… Ⅱ. ①胡… Ⅲ. ①商业模式—研究 Ⅳ. ① F71

中国版本图书馆 CIP 数据核字(2021)第 000120 号

出 版 人　曹宏举
责任编辑　陈　莎
责任校对　康　莹
印刷监制　刘艳平
封面设计　创世禧图文设计
出版发行　当代中国出版社
地　　址　北京市地安门西大街旌勇里 8 号
网　　址　http://www.ddzg.net　邮箱：ddzgcbs@sina.com
邮政编码　100009
编 辑 部　(010)66572264　66572154　66572132　66572180
市 场 部　(010)66572281　66572161　66572157　83221785
印　　刷　北京润田金辉印刷有限公司
开　　本　720 毫米 × 1020 毫米　1/16
印　　张　11.75 印张　1 插页　99 千字
版　　次　2021 年 5 月第 1 版
印　　次　2021 年 5 月第 1 次印刷
定　　价　49.00 元

引 言

从“互联网+”到智能商业时代

“互联网+”就是“互联网+各个传统行业”，是互联网思维的进一步实践成果，它推动经济形态不断发生演变，从而带动社会经济实体的发展，为改革、创新、发展提供广阔的网络平台。“互联网+”代表一种新的社会形态，即充分发挥互联网在社会资源配置中的优化和集成作用，将互联网的创新成果深度融合于经济、社会各领域之中，提升全社会的创新力和生产力，形成更广泛的以互联网为基础设施和实现工具的经济发展新形态。

2010年，“大数据”一词才刚刚开始在硅谷流传，很多人以为这又是极客嘴里的一句“咒语”。那一年，阿里的数据分析团队只有区区50人，业务方对数据基本不感兴趣。而大数据的先行者和预言家托马斯·达文波特却没有忽略这股潮流，他联合了近100家企业，展开对大数据的系统研究。他预见到，数据将改变企业、业务和人之间的关系，并颠覆整个商业的逻辑。进而，他创造性地提出了“智能商业”的理念，并在领英和Facebook（脸书）得到印证。随着大数据时代的到来，人工智能也加入这场商业变革之中，同时，智能商业的概念也在进一步拓展，并对企业转型发挥着点石成金的作用。

“互联网+”无疑是最火热的行业，并成为一种趋势。基于此而形成的新经济、新业态，在一定程度上积蓄着经济新动能。新兴商业模式的迅速发展，也让传统经济的发展受限。其实，传统经济应当用好智能商业的技术工具，打开新经济发展的大门。数据时代带来了很大的潜力和空间，利用智能商业这种系统化的解决方案来改变传统经济只是时间早晚的问题。只有企业家走在前面才能引领别人，才能让各种规模的企业把握住机会。

新经济如何既热又好且能够长期发展，离不开智能商业带来的新能量。谁掌握了智能商业，谁就把握了转型期的主动权。党的十八大以来，党中央重视互联网、发展互联网、治理互联网，不断推进理论创新和实践创新，不仅走出了一条中国特色治网之道，而且提出了一系列新思想新观点新论断，形成了网络强国的战略思想。无论是移动支付、智慧出行，还是远程诊疗、在线教育等，只有认清和把握信息化大势，才能更好地适应和引领新生产力发展，在全方位国际竞争中占领先机。互联网诞生至今，全球企业发生了翻天覆地的变化，几乎都与互联网相关。如今，智能商业正在积蓄各方面的能量，对传统经济转型的要求持续升级。事实上，中国已经有越来越多优秀的企业走在了智能商业的前列，但大多数小微企业并未能享受到大数据、AI 带来的技术红利与时代红利，而智能商业的普惠将使小微企业与大中型企业拥有同一起跑线的机会。因此，对于小微企业来说，唯有奋力争先，方能不负时代。

目录

第一章

互联网 +，引领颠覆式变革

2012年，于扬首次公开提出“互联网+”的概念。所谓“互联网+”，即任何传统行业或服务行业都会被互联网改变，并产生新的格局。2015年，国务院对“互联网+”予以认可，并将其纳入政府工作报告。同年3月，李克强总理在政府工作报告中首次确定“互联网+”行动计划。官方对“互联网+”的定义是：“互联网+”代表一种新的经济形态，即充分发挥互联网在生产要素配置中的优化和集成作用，将互联网的创新成果深度融合于经济社会各领域之中，提升实体经济的创新力和生产力，形成更广泛的以互联网为基础设施和实现工具的经济发展新形态。政府的关注与推广，大大促进了“互联网+”的推广，引发了各行各业对“互联网+”的关注。“互联网+”模式对我国传统行业的影响非常大，对制造业、零售业、物流业、金融业、医疗行业影响最为突出。

第一节　互联网精神，改变商业思考模式

（一）互联网打破传统商业模式

改革开放以来，中国经济快速发展，传统商业企业也经历了蓬勃发展的时期。目前，受到整个经济形势产能过剩的影响和互联网新经济形态的挑战，传统商业企业的发展进入瓶颈期。就传统零售行业而言，这几年的销售业绩出现持续低迷的现象。2011 年，中国的 GDP 增长率为 9.5%，但从 2012 年开始，GDP 连续 5 年呈现下滑趋势。我国的消费品市场也发生变化，社会消费品零售总额的增长率在 5 年来明显变缓，但是网络零售市场的发展与之形成了鲜明的对比，从 2013 年到 2017 年处于高速发展的阶段。2015 年，网络零售总额在零售总额中的占比已经达到 12.7%，比 2014 年提升了 2.1 个百分点，其发展态势迅猛，对传统商业企业来说是一个严峻的挑战。

伴随着互联网经济的快速成长，传统商业企业本身存在着明显的痛点：实体门店经营的成本持续增加；门店的来客数量明显减少；顾客的复购率降低；顾客的网购消费习惯已经形成。传统商业企业的发展趋势主要表现为：整体销售规模及增长速度明显减慢；开店数量减少，营运质量不高的门店逐步关闭；

一些传统企业开始积极探索向互联网转型。电子商务的蓬勃发展离不开其明显的竞争优势：全新的时空概念打破了空间和时间的限制，可以做到随时随地购买；减少了中间流通环节，厂家或商家可以直接面对顾客，节省成本；一个平台可集合众多商家，以顾客的需求为主导，满足顾客多样化需求。

（二）互联网让资源与效率重新整合

互联网的发展直接带动了以互联网技术为核心的经济新形态发展，其中对于产业发展推动力最大的就是互联网的万物互联概念。互联网的概念是开放的，资源经由不同的整合可以让独特的资源被共享或者被商业化，利用互联网形成资源整合平台的商业形式也多了起来。可以说自从科技革命之后，全球经济一体化的进展不断加快，互联网的技术也随着科技发展而发展，社会的分工再配置，人工智能取代了很多岗位也带来了很多岗位，企业的资源不断被改变，企业核心竞争力也加入了资源整合的技术部分。

现代社会尤为需要整合资源。对于企业来说，不仅仅在 IT 企业，商业、金融等行业也都重视信息资源的利用，快递行业重视物联网的开发。在市场之中系统集成作为崭新的市场前景被人们认可，整合资源是集成系统的核心竞争力，资源整合能力对于商业发展来说极为重要。

资源整合不是简单地对所拥有的信息进行梳理，而是针对所需的资源（不仅仅包括内容还有结构和层次）选择有共性的、有用处的进行分门别类，融合发展。因此，资源整合具备逻辑和系统结构，对于无用资源会舍弃，从而设立崭新的资源体系。

资源整合主要包括四个层面。

第一个层面是整合企业的内部资源和外部资源。

主体是企业，所有的资源都以能够让企业获利作为选择的条件。选择的基准就是审视企业内部，然后挑选能够帮助内部资源发挥作用的外部资源。

第二个层面是整合组织资源和个体资源。

这个层面是最简单的层面。单独的个体资源融入整体组织资源中，其实就是企业内部资源的整合。首先要依据资源的共性，发挥能动性，结合相关资源，完成资源整合，如此才能在使用内部资源时，发挥其最大功效。

第三个层面是整合传统的资源和新式资源。

随着互联网的发展和很多整合资源平台的开发，越来越多的新式资源产生。这些资源是区别于传统资源的，它们产生于新形势下，无法直接运用在企业之中，需要通过整合才能使用。

第四个层面是发掘资源。

整合资源的工作不是简简单单地将资源组合放置就可以，是需要对资源进行关联、发掘，让资源的价值被充分认可。整合这些资源的要点就是让资源的价值被认知。没有被完全发掘出价值的资源是带有缺憾的。

现代社会十分提倡资源共享，企业需要根据自身的特点来寻求有效提升自身竞争力的资源，所以一定要完成整合资源的工作才能发挥企业最大的能动性。

第二节　互联网新发展——进入智能时代

我们正处于移动互联网加速向智能互联网时代转型的关键时期，Gartner 公布的 2017 年重大科技发展趋势表明："未来将是以智能为核心，通过数字化实现万物互联的时代。"也就是说，借助人工方法进行智能操作的"互联网 +"时代，将升级到一个将人工智能与互联网更广泛地连接万物、更自主地捕捉信息、更智慧地分析信息、更精准地进行判断、更主动地提供服务的互联网转型升级新时代，即智慧互联网时代。

（一）移动网络

21 世纪是信息的世纪，而大量信息传输必然需要进行大量的通信。随着时代进步，人们要求随时、随地能够获取可靠的通信服务。移动网络成了人们的必然选择。所谓移动网络是指基于浏览器的 Web 服务，如万维网、WAP 和 iMode（日本）使用移动设备，如手机、掌上电脑或其他便携式工具连接到公共网络：不需要台式电脑，也没有一个固定的连接。然而，移动网络接入到今天仍然存在可操作性和可用性问题。这是由不兼容格式的大量信息在互联网上提供的移动设备和部分由于物理尺寸的小屏幕移动设备和其他设备的限制等多种原因造成的。

第一代移动网络诞生于20世纪，于1981年投入使用；第二代移动网络技术出现在20世纪90年代，被用于通信领域之后仍在不断完善2G技术；随着网络和用户资源的扩大，第三代移动网络系统被提出，它有着完整的通信标准和守则；第四代移动网络技术革新让传输质量提升，实现了高效无线传播；第五代移动网络技术是蜂窝通信技术，提高了传输效率，降低了传输中的延迟问题。

移动网络的种类按工作场合和使用要求的不同可以分为：（1）集群移动网络，也称大区制移动网络。（2）蜂窝移动网络，也称小区制移动网络。（3）卫星移动网络。利用卫星转发信号，车载移动网络可采用赤道固定卫星；而对手持终端，采用中低轨道的多颗星座卫星较为有利。（4）无绳电话。对于室内外慢速移动的手持终端的通信，则采用小功率、通信距离近的、轻便的无绳电话机。

移动网络技术是根据工作场合和使用要求来确定发展方向的。

第一，第二代移动通信。

（1）在第二代移动网络使用中，使用最多的是GSM通信网络。可以说GSM技术是蜂窝移动网络技术的进一步研发，将通信范围划分间隔，使用GSM通信网络的用户可以在区域内移动而完成通信。对于城市和国家来说，经由通信准则来确定区域也是可以作为通信区域划分的。

（2）第二代网络系统之中需要使用窄带来完成接入数字技术。

（3）第二代移动网络系统完成了区域内的统一格式，同时让程式完成了同区域的建设，让人们可以借由移动网络进行信息传递。不过，随着用户基数的增长，也导致其缺陷越发明显。

（4）当时主流的移动网络技术就是公众网络技术，工作频段高，商用价值大，可以说在演进通信技术之前，就是这个网络技术为后来的发展打下了基础。

第二，第三代移动网络。

在第三代网络技术开发之后，面对移动网络技术下一个进步阶梯的问题很快就被提出来。

（1）第三代网络技术开发之后在很多领域被使用。在不同的模式中，第二代技术无法完成的方面，第三代技术均可实现。移动网络也不仅仅提供网络通话服务，同时经由技术革新在进入第三代之后，很多移动设备第二代技术再也无法提供服务需求。不过在刚刚进入第三代技术时，由于第二代技术的广泛应用，使第三代技术实现全民化需要渐进发展，因此出现了 2.5 代技术。

（2）第二代技术和第三代技术的主要差别在于频谱的利用效率。第三代技术可以做到更稳定更快的数据传输效率。在全国施行第三代网络技术之后，TD 技术在上海世博会被展示。这是过渡到 4G 的技术，也是未来发展的方向。

第三，第四代移动网络。

（1）在第三代网络技术全面施行的过程中，第四代网络技术也在扩展。在人们认知了第三代网络技术之后，通过第三代网络技术完成了高速的数据传输，第四代网络技术就伴随着新的需求到来了，经由无线的方式获取的传输数据被展示出来。

（2）第四代网络技术的出现不仅解决了随着用户基数的上升以往第三代技术无法满足用户需求的难点，最为重要的是带来了高速传播音视频数据的可能性。第四代网络技术不仅仅提高了通信质量，更扩展了频谱的利用。

第四代网络通信技术革新推动了经济发展，而且在军事领域应用广泛。2010 年，全国的移动网络运营商都大力推行第四代网络技术，而我国的第四代移动网络技术也慢慢靠近世界技术的前沿。

第四，第五代移动网络。

第四代网络技术不仅带给国民生活极大的便利，同时为未来的第五代网络技术发展奠定了基础。随着智能化的深入，网络通信技术往未曾深入的领域发展。在第五代技术的未来前景中，手术机器人、远程手术都被开发出来。

云计算是新时代互联网技术的成果。云的意思是对互联网的抽象，是对万物互联的解释，同时是对基础建设的比喻；计算则是核心算法，经由提供的平台算法来完成所需部分服务。云计算对于很多的需求都可以提供服务，可以完成大量企业传统的岗位工作。

（二）大数据

在大数据时代，人们的思维模式和生活方式都被极大改变，比如商业交易平台、推销行业等，都可以经由验算大数据发掘价值来获取有效信息。以往在对企业的资源衡量中都没有对于数据方面信息的估量，最近很多专门进行信息服务、挖掘信息价值的企业崛起，就是大数据产生的影响。

第一，大数据时代企业面临的问题。

处于大数据时代，企业的管理层需要对大数据进行挖掘，将其转化为管理企业的所需资源，因此企业要定制数据精准的价值，让企业管理有资源可以利用。企业的发展，核心竞争力是离不开信息价值的，因此需要不断研究、深化大数据技术。

（1）企业在数据处理方面的问题。现阶段，多数企业仅能够处理结构化数据，而结构化数据在数据总量中只占 15%，也就是说，企业对 85% 以上的半结构化数据和非结构化数据的处理技术尚不成熟，因此提高数据处理分析技术对企业来说是一个挑战。而且，企业的数据信息大多存储在多个业务数据库中，各个业务模块之间的数据很难做到共享和关联，如何实现跨业务平台数据信息的关联和整合是企业现今面临的另一大挑战。此外，商业智能是大数据时代的核心技术，然而商业智能并未普及，只在与 IT 关联比较密切的行业（如金融、电信、网络、电子商务等）中有所应用。因而，学会应用商业智能对很多企业来说是一个不小的挑战。另外，在大数据时代，企业面对海量的数据，数据的安全防护工作变得异常困难。这些数据中不仅有企业的商业机密，还包含很多个人隐私，如果安全防护工作没做好，极容易被一些心怀不轨的“黑客”所利用，导致企业利益受损，因此企业如何处理信息安全问题是当前的又一大挑战。

（2）企业传统管理观念根深蒂固。目前，有关大数据在决策方面的应用，多数企业管理人员还未真正认识其价值。一些企业管理者认为，大数据不过是简单的数据归纳和整理，其运用并不能给企业带来直接的效益。归根结底，还是传统管理观念根深蒂固，导致一些企业难以接受大数据在企业管理决策方面的应用。殊不知，在这个大数据时代，一个企业数据占有量越多、数据整合越有效，企业的经营和发展就越占优势。还有一些企业虽然在进行数据的整理和分析，但是这些企业的管理者还是遵循着传统的管理模式，过于追求事情的因果关系。而在大数据时代，我们追求的并不是因果关系而是相关关系。在海量的数据中，只要挖掘出与提高企业利润相关性比较大的因素，就可以在一定程度上为企业决策管理提供战略支持。

（3）大数据对企业管理决策的影响。一方面，企业管理决策环境变得更为复杂。在大数据时代，企业决策信息的采集与分析、决策方案的制定与选择均会受到错综复杂的环境因素影响。此外，对与企业决策相关的信息价值甄别难度增大，一定程度上令决策者在进行决策管理时变得更加困难。另一方面，企业决策速度不及市场变化的速度。企业决策一般要经过搜集资料、调查研究、分析判断、方案评比与评估等十分复杂的流程，这需要一定的时间。而随着大数据在企业普及率的上升，会在一定程度上导致市场变化速度加快，这就对企业的决策速度提出了更高的要求，要求企业制定出更科学的决策模式。

（4）企业面临决策主体多元化问题。大数据时代要求企业具备更人性化的产品和服务，因此一个企业利用的数据需要更多的来源，同时需要更多的人参与决策。在企业被要求构建层级决策管理系统以提高决策管理的科学化程度时，企业就面临决策主体多元化问题。

第二，大数据时代企业应采取的管理对策。

一项来自《经济学家》杂志的调查报告显示，近年来，大数据成为企业经营管理的热门话题。如何利用大数据，成为企业提升竞争力的关键。研究表明，财务和运营状况好的企业大多是为数据驱动的企业，从某种程度上讲，利用大数据来提升竞争力是未来所有企业都要面临的问题。大数据的作用将不再是目前数据的产生、存储、管理、分析、利用那么简单，它将在一种新的处理模式下提供决策依据，并洞察未来发展趋势。大数据对企业管理问题的影响不容小觑，这不仅是企业管理的技术问题，还是一种管理决策的方式。面对诸多挑战，企业必须意识到大数据对企业管理的重要性。

（1）转变管理理念。随着数据的快速增长和信息的广泛传播，企业管理越来越依赖数据的支持，封闭管理思维越来越行不通，因为它已无法应对外部变化的环境。为了更好地利用大数据这一宝贵资源，企业需要进行理念上的革新。对数据分析要有清楚的认知，并注意收集到的大量数据具有不准确性。原来小数据的“精确”处理数据方法力求所使用数据的准确，而如今大数据的运用则可适度忽略细微的偏差，因为由个别混杂性数据对最终处理结果产生的细微差错不会影响其理论发展规律。

（2）寻求大数据变量之间的关联性。相比小数据环境下的数据处理是追求解决两个变量之间的因果关系，在大数据背景下，数据利用的目标是寻求变量之间的关联性。在大数据时代，企业搜索、汇集、整理、处理大量数据，对其进行深入分析挖掘，预测未来相关市场行情，以及各种因素所占竞争比重大小等，都是为了在寻求大数据之间的关联中获得更有效的管理制度。

（3）转变传统的决策方式。在传统的管理模式中，企业中的商业精英和管理者一直被视为作决策的人。但在大数据背景下，一线员工逐步上升为企业的决策主体，公众的反馈情况成为企业进行实时决策的重要依据。一线员工对企业管理决策有真实的感受，由公众反映出的数据更有时效性，更真实，由此看来，转变传统的决策方式具有一定的正确性。同时，企业对大数据的运用要求实时了解市场发展动向，要对一线员工的评价作出理性分析，合理预测企业发展方向，以便更好地进行企业创新。

大数据在给企业带来巨大发展机遇的同时，也给企业在数据处理、管理观念、决策模式和使用人才等方面带来挑战。企业应树立正确的管理观念，丰富数据平台，对大数据的应用给予支持。大数据为企业管理人员提供了一种新的决策模式，它的运用关乎企业的生存和发展。不过，目前大数据的运用还不完善，企业应抓住这一发展机遇，深入挖掘大数据蕴含的大量有价值的信息，借此提升自身的竞争力。

（三）物联网

物联网给我们提供的社会与物理世界结合的技术，为我们重新认识世界提供更加精细和动态的方式，并通过提升整个社会的信息化水平实现对世界的进一步管理和控制。物联网应用领域广泛，特别在智能电网、环境保护、卫生医疗等方面的应用效果突出。物联网为社会经济和生产生活带来经济效益和价值的提升、成本的降低，因此受到各行业青睐。物联网技术不仅应用于科技领域和生产领域，在生活领域的智能家居也有所体现。

第一，物联网工作原理。

物联网功能通过三层技术构架实现，分别为感知层、网络层和应用层。物联网的工作过程模拟人体的结构和行为过程。感知层通过摄像头、传感器、GPS、终端、传感器网络等设施发挥采集信息、识别信息、感受外界变化的作用，相当于人的皮肤与眼耳鼻口等五官的功能。例如，消防物联网中的温度传感器、车联网中的电子车牌等设施，可以识别、采集、感知外界信息并具有输送的功能。网络层通过网络管理中心、智能处理中心和信息中心等中央处理系统将感知层获取的信息进行处理并传递给应用层，相当于人的中枢神经和大脑。应用层是指能够做出直接反应动作的设施系统，相当于人体能够产生行走、拿、举动作的四肢。综合来说，物联网的工作原理就是由感知层采集信息并传递给中枢网络层加工处理，然后由网络层作出判断并指示应用层进行具体操作处理。

第二，物联网的关键技术。

（1）无线射频识别技术。射频识别技术是一种利用无线射频信号识别目标对象并获得相关信息而无须人工操作的技术。射频识别技术是一种非接触的自动识别技术，可以在各种恶劣环境中工作。射频识别技术可以同时识别多个标签，识别精度高，抗干扰能力强，识别速度快。通过互联网与其他技术的结合，可以实现世界范围内的信息共享。

（2）无线传感技术。随着物联网的不断发展，传感器技术开始受到广泛的关注和应用。一个无线传感器网络（无线、传感器、网络、WSN）和一系列空间分散的传感器单元组织一起，可以连接物理世界和数字世界。WSN 感知每个节点通过无线网络收集的数据，并根据信息处理网络覆盖区域的监控信息。目前，传感器节点的定位已成为研究的焦点，传感器节点是物联网应用的关键技术。

（3）智能技术和纳米技术。智能技术是物联网的关键技术之一，它指的是在对象中植入智能系统，实现智能目标，能够主动或被动地与用户进行有效的交流，达到预期目的。纳米技术的优势在于使物联网中变得越来越小的物体可以相互作用并连接。随着物联网的发展，以及智能技术和纳米技术的应用，可以使更小的物体嵌入更智能，极大地增强物联网的力量。

第三，物联网技术的应用。

智能家居系统将通信技术、网络技术、计算机控制技术应用于传统的家居生活设备，实现对窗帘、暖通空调、视听设备、灯光、安全防范系统、用电负荷的智能控制，以达到舒适、节能、安全、智能化的效果。特别是现在手机的普及不仅方便了沟通交流，在手机中设置电子芯片后还可以当作遥控器使用，实现对家庭电器远程控制。例如，用户可以通过手机短信发出指令了解和设定室内温度，在回家之前通过手机指令让热水器预先加热。用户不但可以通过相应的开关和遥控器实现对他们家的控制，还可以利用手机等移动终端实现对各个系统的远程控制。智能家居控制系统最基本的要求是使用简单方便、安全性能可靠，而且施工方便、成本经济。信息传输通道控制系统使住户可以通过 TCP/IP 网络监测和控制他们的家，该系统还配备了一个图形用户界面（GUI），任何 Wi-Fi 连接的电脑/PDA/ 控制移动设备和系统都可方便使用。该系统采用 RS485 或 RS232 连接的温控器控制设备、空调和电视的红外发生器，连接是无线照明系统和射频 433 兆赫的安全区域的要求，通过 ECP 总线连接有线防盗区域，可以报警。

物联网技术的博物馆室内环境监测系统分为两大模块——数据采集模块和管理模块。通过数据采集模块监测区域部署传感器节点来完成温度、湿度、光照、有毒气体（CO_2、SO_2）等数据的采集，各节点以自组织方式构成无线网络。各传感器节点收集到的信息经汇聚节点汇聚后，通过 Internet 送给监控中心进行存储、分析和处理，从而完成对温度、湿度等数据的实时监测。管理模块首要的任务是对项目进程的管理，可以进行采集的开启 / 关闭、部分采集的开启 / 关闭等进程中断管理及对设备的监测管理。通过设备自身的自检系统，将设备情况信号传输给管理模块，输出统一的设备信息。

第三节 商业模式是未来竞争焦点

市场的变化对企业不断提出更高的要求，为此企业要不断寻求适应变化的经营战略。基本竞争战略的着眼点是：在现有的企业发展状况基础上，如何更好地指导和完善企业经营。然而，市场变化的速度之快和竞争之激烈已远远超出人们固有的思维模式。也就是说，企业在固有的模式下进行战略调整很可能会贻误商机，这需要企业在创立之初就能够预测并选择适合自己的商业模式，由此来保证在整体市场中不会错过机会。

（一）商业模式需要不断优化创新

随着经济的快速发展，企业在如何应对挑战，使自身在激烈的竞争中生存并高效地发展下去进行多方面的分析，发现商业模式的重要作用不可小觑。现代管理学之父彼得·德鲁克也说过："当今企业之间的竞争，不是产品的竞争，而是商业模式的竞争。"是的，21 世纪企业竞争的最高境界，不再是产品的竞争、人才的竞争、营销的竞争、服务的竞争……其最高境界是一种商业模式（即盈利模式）的竞争。日本日产汽车公司 CEO 戈恩·卡洛斯这样看待企业的盈利模式："这是一个盈利至上的时代。在这个时代里，谁能持续获得比同行更高的利润，谁就是真正的赢者，所以我们需要一个有效的盈利模式，让我们的希望变成现实。”

亚马逊公司的贝佐斯直接道出了要害：“我认为构想很简单，但身体力行就很难。如果我坐下来头脑风暴，可以在黑板上写出几百个好构想，但具体实施才是最难的部分，这其中很有学问。”既然概念构想本身不创造价值，而亚马逊又无特殊的核心能力，那么亚马逊靠什么创造价值呢？它靠的是互联网。互联网不是一个概念，而是一个实体；互联网不是一种核心能力，因为谁都可以利用。互联网只是一种形式，亚马逊公司就是借助互联网这种形式，使在线购物的概念成为现实，并创造出价值。亚马逊的快速成长，恰恰说明了实现形式在商业模式创新中的重要作用。

商业模式创新究竟能给企业带来什么？商业模式创新是企业获取长期竞争优势的根本保证。企业的任何行为都必须是对自身商业模式的策略反应和优化，这也是企业进行商业模式创新的目的。企业创新无非是要让本企业在同行中拥有更大的竞争优势，让企业有更大的收益空间，通过模式创新纠正企业中不利于发展的因素，制定正确的策略，使企业能得到较好的、长足稳定的发展。

那么商业模式到底凭什么取得成功呢？当别人还没有商业概念的时候，你就要突出你的新概念；当你的商业概念与别人一样的时候，你就要比谁的客户价值更大；当客户价值也一样的时候，你就要比谁的核心能力更强；当核心能力也差不多的时候，那就只能比实现形式了。此时，商业模式的实现形式就成为一个新模式能否成功的重要因素。如何应用新模式为企业获取利润也是值得深思和探讨的。

商业模式创新对企业成功的重要作用是可想而知的。下面我们来看一个运用商业模式的成功案例，以此证明商业模式对企业发展的重要性和关键性。1992 年，萨姆·沃顿在《美国制造》提到沃尔玛成功经营的十条戒律中，第八条是“超越消费者的期望”。他认为，沃尔玛必须持续降价，并且为消费者提供有质量保证的更廉价的商品，超越消费者的期望，做到“保证满意”。从这句话里可以看出沃尔玛对“天天平价”的价格策略的重视及对顾客的重视。沃尔玛的天天平价策略，只是对其选择中低收入者作为目标消费者的商业模式的一种策略反应和优化。具体逻辑如下：因为沃尔玛的目标消费者是中低收入者，这决定了沃尔玛必须提供质优价廉的商品和服务，所以沃尔玛必须采取一切措施降低成本，减少开支，为消费者提供完善的服务。姜汝祥在《差距》中提道：“沃尔玛的低价格只是一种表象。”这是非常中肯的。但他认为，“低价格背后是出色的后勤物流的配送体系和吸引顾客忠诚的能力，这就是沃尔玛的核心竞争力”。他这个看法是不确切的。沃尔玛的核心竞争力是其为中低收入者提供有质量保证的、更低价格的产品和完善服务的能力，也就是说，沃尔玛的核心竞争力表现为其先进的商业模式。

沃尔玛的价格策略和商业模式是非常吻合的。其价格策略是对其商业模式的正确反应，并且对其商业模式竞争力的提高有促进作用，即能起到优化自身商业模式的作用。如有些零售企业，它们的核心竞争力也许是为中高收入者提供高档商品或服务，如果这些企业回过头来学沃尔玛的低价策略，可能并不会有明显的效果，甚至可能弄巧成拙，赶走本企业的目标顾客。因为中高收入者看重的是更加优质的产品或服务，而对价格是否低廉并不太感兴趣。从这个意义上说，沃尔玛的“天天平价”策略并不具有普遍模仿的价值，其高效的物流配送体系只有在沃尔玛独有的商业模式下才具有意义。

任何一家企业在其对应的商业模式下最重要的是提供更好的服务、更好的产品，并不一定非要有沃尔玛高效的物流配送体系才能成功。关键是每家企业都要找准自己的目标消费者，并找到与之相适应的商业模式。因此，任何企业都不能盲目地对优秀企业进行标杆学习。是否学习及学习什么的应是以这种学习是否能促进自身商业模式的优化为标准。

沃尔玛对我们的启示就是：企业的目标消费者和商业模式必须具有一致性，企业的任何行为都必须是对自身商业模式的策略反应和优化。所以，中国企业在学习沃尔玛等企业时，必须做到这种学习能促进自身商业模式的优化。

从沃尔玛的成功案例中我们看到商业模式的应用、商业模式的创新对企业的发展是起着举足轻重作用的。那么，企业到底应如何对商业模式进行创新呢？首先，商业模式创新所要解决的问题有：公司为目标消费者提供什么样的产品或服务；公司如何将产品和服务传递给目标消费者；公司在其所处的商业生态网络中该如何定位自己的角色等。其次，企业创新的途径主要有重新定义顾客，提供特别的产品和服务；改变提供产品、服务的路径；改变收入模式；改变对顾客的支持体系；发展独特的价值网络。企业必须适时创新自身的商业模式，保证持续的盈利，以获得竞争优势。

（1）重新定义顾客，提供特别的产品或服务。顾客需求不断发生变化，企业根据这种变化重新定义顾客，选择新的细分顾客，提供特别的、更新、更快、更好、更全的产品或服务，可以帮助企业更好地满足顾客需求，获取潜在的利润，从根本上创新企业的商业模式。如中国民营航空公司——春秋航空，避开了与大航空公司的竞争，进行了特别的顾客定义，抓住了观光度假旅客和中低收入商务旅客的需求，仅仅对顾客提供最基本的服务，如在飞机上仅提供一瓶免费的矿泉水等，以此来实现降低机票价格“省之于旅客，让利于旅客”，由此创造了国内唯一的“廉价航空”商业模式。

（2）改变提供产品、服务的路径。改变提供产品、服务的路径就是要改变分销渠道。例如，戴尔消除了分销商的环节，创造了直销商业模式。通过直接接触，特别是借助互联网，戴尔能够掌握第一手的顾客需求和反馈信息，为顾客提供“一对一”的服务。围绕直销，戴尔打造了整合采购、装配、输出的高效运转链条，将电脑送到顾客手中。戴尔的直销模式，去除了中间商所赚的利润，极大地降低了成本，取得了巨大的竞争优势。

（3）改变收入模式。连锁快餐企业——麦当劳，令人惊讶的是其90%的收入来源于房地产。麦当劳将租来的房产转租给加盟店，通过赚取租金差额来获得大量利润。

（4）改变对顾客的支持体系。国内对顾客支持做得最好的莫过于海尔，其依靠庞大而有效的信息化组织保障，建立了闭环式的服务体系，其服务创新走在行业的前列。如顾客拨打

“海尔全程管家 365”的热线，就可以预约海尔提供的先设计后安装、清洗、维护家电的全方位服务。增值服务已经成为海尔商业模式中不可缺少的部分。提到海尔，人们就会联想到优质服务。

（5）发展独特的价值网络。在全球家电产业链中，格兰仕自定位为“全球名牌家电制造中心”，为国外知名企业进行微波炉贴牌生产，借此不断积攒实力，实现了超大规模和专业化生产，极大地降低了产品成本。在国内，格兰仕以自有品牌为主，专注于研发和制造，将物流外包给专业公司，采用区域独家代理的经销商制度。格兰仕在价值链中选取了合理的定位，发展出独特的价值网络，创造了“低成本设计”的商业模式，实现了微波炉这一行业的全球市场占有率第一。

通过对商业模式创新的分析，我们更加了解创新的重要作用。而企业创新不是简单地照搬他人的成功模式，要根据企业自身实际，借鉴他人成功模式，将他人的成功方法与自身企业相结合，做出合理的创新调整，从而在激烈的竞争中掌握主动权，推动企业长足高效发展。

（二）商业模式的三维立体模型

所谓商业模型，就是为实现客户价值最大化，把能使企业运行的内外各要素整合起来，形成一个完整的、高效率的、具有独特核心竞争力的运行系统，并通过最优实现形式满足客户需求、实现客户价值，同时使系统达成持续盈利目标的整体解决方案。这样的商业模式定义，用一句比较简单的话概括就是，相关者的利益最大化的方案就是商业模式。

基于这个逻辑，我们结合哈佛大学教授约翰逊、克里斯坦森和SAP公司的CEO孔翰宁共同研究出版的《商业模式创新白皮书》中提到的创新理论“任何一个商业模式都是一个由客户价值、企业资源和能力、盈利方式构成的三维立体模式”，通过长期的连锁企业顾问服务研究，总结和归纳出商业模式的四维立体模型。

第一，定位。

产品的定位来源于其产品和服务所能向消费者提供的价值消费需求，即公司通过其产品确认公司对消费者的实用意义。

消费者目标群体，即公司所瞄准的消费者群体。这些群体具有共性，从而使公司能够针对这些共性创造价值。定义消费者群体的过程称为市场划分。

第二，资源。

资源包括核心能力和合作伙伴。

核心能力，即公司执行其商业模式所需的能力和资格，包括品牌、产品、人力组织、资金、业务流程、社会关系等。

合作伙伴，指公司的上下游关系及其整合能力，包括上游的供应商、合作商，下游的渠道代理商、加盟商等。

第三，经营。

拓展模式，即企业设计最方便、最快捷的方式快速获得市场及客户。

管控模式，即企业对经营和市场行为的管理和监控。

销售模式，即销售收入的达成。

第四，利益。

盈利模型，即公司通过各种收入来创造财富的途径。

合作者利益，即通过企业的经营活动以及目标的达成，预计能给利益相关者带来怎样的价值，包括给股东、合作者、员工带来的物质、金钱乃至精神上的财富。

价值，即公司通过经营活动来达成企业使命，实现公司的社会价值。

现代企业的竞争不再是产品之间的竞争而是商业模式的竞争。这就好像在现代战场，你用的是冷兵器时代的原始武器与现代化高科技武装下的军队在进行一场不对称的战争。战争的模式决定着胜负。企业也一样，需要找到适合自己发展的独特的经营思路和商业模式才能发展壮大，并不断随着经营环境、竞争因素以及消费者变化来调整和升级自己的商业模式。这里归纳总结的企业商业模式的三维立体模型涉及企业进行商业模式设计或创新时所需要考虑的关键要素，企业可以根据自身的资源和能力设计出随着时间和环境变化而变化的商业模式体系。

成功的商业模式不一定是技术上的创新，也可能是对企业经营某一环节的改造，或是对原有经营模式的重组、创新，甚至是对整个游戏规则的颠覆。商业模式的创新贯穿企业经营整个过程，贯穿企业资源开发、研发模式、制造方式、营销体系、流通体系等各个环节。每个环节的创新都可能塑造一种崭新的、成功的商业模式。

商业模式三维立体模型理论体系的形成从根源上厘清了企业对于经营行为的认识，从而从战略思维的角度调整企业经营策略，占领了先机，以最佳的战略战术取得最终的胜利。

（三）成功商业模式的特质

商业模式就是企业创造营收与利润的手段和方法。尽管在概念上并没什么惊人之处，但每一种商业模式创新都可以成为人们关注的焦点。这不仅因为在某一行业，由于商业模式不同会使企业的价值与盈利能力有天壤之别；更是因为基于某种创意所形成的商业模式创新，不仅颠覆了传统的盈利模式或发展模式，还成为引领行业发展方向的决定性因素。

改革开放以来，中国诸多企业的成功缘于偶然，而失败归于商业模式者比比皆是。实际上，成功的商业模式非常一样而又非常不一样。非常一样的是，这一模式创新性地将内部资源、外部环境、盈利模式与经营机制等有机结合，不断提升自身的盈利性、协调性、价值、风险控制能力、持续发展能力与行业地位等。非常不一样的是，这一模式是在一定条件、一定环境下的成功，更多的具有个性，不能简单地复制，而且必须通过不断修正才能保持企业持久的生命力。因而，在借鉴基础上的创新永远是商业模式中商业智慧的核心价值。

成功商业模式的主要特征有以下三点。

首先，基于产业价值链的分解形成的。商业模式创新主要体现为以技术为基础，依托产业价值链，着力管理创新方式。其中，基于产业价值链这一外生因素的价值定位、盈利源选择与盈利点选择是至关重要的。因此，依托产业价值链挖掘商业机会、展开商业模式创新成为商业模式建构与实践的分水岭。而商业模式最核心的部分——盈利模式，恰恰完全依赖于对产业价值链的分解。目前，将某一环节或细分领域做深、做专、拔高，或不同产业的价值链条实现耦合，成为做强、做大企业的主流。而纵向一体化、全产业链等产业整合，适用于一个全新产业初期，但不能当作长期发展战略。

其次，有独特的、持久的盈利模式。商业模式最为关注的不是交易的内容，而是方式。其目的不在于概念的重整而在于实现营收与利润，因而盈利模式是成功商业模式的核心要素。同时，一个盈利模式必须有一定的价值主张及运营机制的导向和支撑，因而盈利模式是成功商业模式的集中体现。成功的商业模式必须具备一定的独特性与持久性。所谓“独特性”，就是能构成企业的竞争优势，且在同一行业中难以被竞争对手所模仿或采用；所谓“持久性”，是指能够支持企业持续盈利。

最后，具有一定的原创性或较强的创新性。创新是一种商业模式形成的逻辑起点与原动力，也是一种商业模式区别于另一种商业模式的决定性因素，因而创新性成为成功商业模式的灵魂与价值所在。现阶段，我国企业商业模式的形成有多种路径，从经济发展阶段来看，“成功商业模式”不必苛求完全原创但也不能完全模仿，需要将中国人的特定思维或特质与特殊的市场经济发展环境相结合，形成经世致用的商业模式。

改革开放以来我国成功的商业模式主要来源两个层次：一是具有完全的原创性，或在关键环节实现突破，形成了较为浓厚的原创性；二是在借鉴了国外最新商业模式基础上，进行创新，具有知识产权和浓厚的中国特色。

（四）未来商业模式如何变革

技术底层的生产力效应，商业设计导向的生产关系效应，加上思想、逻辑层面的打破、重构，这些都将深刻地改变企业的商业模式。无论是交易结构层面还是价值创造逻辑，以及由此带来的竞争图景，都将在未来的几年呈现不一样的瑰丽色彩。未来商业模式变化趋势主要有以下几个方向。

趋势之一：企业的商业模式设计视角需要从“企业内部”“合作伙伴”，不断扩展到“商业生态”。只有两类企业能长期在市场中生存下来：或者构建具备未来巨大价值空间商业生态的企业，或者加入这类商业生态并在其中作出自己贡献的企业。商业世界的联系越来越紧密，企业之间在商业模式上越来越不存在秘密，所以企业长期在市场上存在的原因只能是：你为这个商业世界的进步作出了贡献，并因此获得合理的回报。

梳理最近几年的明星企业，将会发现它们毫无例外都属于生态屋企业，比如小米、恒大，更不用讲百度、阿里巴巴、腾讯、苹果、Google 等互联网巨头。它们的商业模式设计的基点都是基于整个生态，比如百度的互联网经济就是利用自身生态优势，百度搜索引擎在提供便利服务的同时，巨额的服务费用产生在广告服务上，自身的生态优势可以提升生态原有利益相关者生活，同时为公司带来商业价值。

中小企业也可以有自己的生存之道：打造自己的核心竞争力，加入某一个生态，在那个生态中发挥不可或缺的作用。比如出品小米手环的华米科技，比如加入阿里的菜鸟物流。

趋势之二：广义“互联网 +”将成为一个核心的商业模式设计维度。不只是消费者，包括研发流程、实时财务、智能制造等，都涉及对广义互联网技术的使用（如大数据、云计算、物联网、虚拟现实等）。对企业而言，由此带来的“产业互联网”机会将远远大于“消费互联网”，“生产性服务”机会将远远大于“消费性服务”。

每一次商业变革时代的大转换，背后都有技术的巨大支撑。技术的变革，使很多原本不可能或者效率低下的商业模式成为可能或者在效率上可实现大规模应用。

广义“互联网 +”对商业变革的影响是深远的，因为它将同时改变生产力和生产关系，同时作用于“人与物”“物与物”“人与人”的关系，从而进入一个真正意义上的“万物互联”时代。很多原本我们认为是“隐性”的关系，都将逐渐“显性化”，而这将深刻地改变企业设计商业模式的逻辑。

趋势之三：内生金融结构的设计将成为另外一个核心的商

业模式设计维度。

如何把资产化重为轻，如何更快地实现现金流的市值变现，如何利用最新的金融设计思想来设计产融互动，都是企业必须面对且重视的一个问题。

未来企业的商业模式需要同时打赢两场战争：产品市场上，获得用户的认可；资本市场上，获得投资者的追捧。资本市场上的设计和内生金融结构的设计关系密切。所谓内生金融，指的是金融结构的设计是基于企业自身的资产结构和现金流结构，在外在形式上则体现为产品市场与资本市场的双轮驱动。

趋势之四：产业层面的商业模式将分离为超级集权和超级分权。集权是水、电、网络基础设施等，分权是联上网络的资格。平台型巨头越来越关注供给侧，小企业越来越关注需求侧，这将成为常态。

最近一段时间，很多"巨头"如阿里巴巴越来越重视从供给侧提升整个产业的效率。比如天猫家居频道的商业模式设计主要面对的并非消费者，而是大家居产业生态圈的各种厂商、渠道商、设计师、装修公司等；阿里巴巴承担的是底层的金融、物流、信息系统等职能，着眼的是提升整个产业的供给效率。而对于这些厂商、渠道商、设计师、装修公司等中小企业来说，它们存在的价值则在于两点：第一，对需求侧的满足；第二，接入超级集权平台，提升供给侧的效率。

显然，这种产业层面的商业模式逻辑，跟阿里巴巴这么多年发展第三方支付、第三方信息服务、菜鸟物流等举措是一脉相承的。

趋势之五：企业边界沿着业务交易关系和治理交易关系两个范畴展开，彼此独立。不采取治理交易关系去控制业务交易关系的创新做法将越来越多。过去，企业边界主要考虑的是治理交易关系，也就是俗称的所有权关系，但实际上在这个新商业时代，企业的边界有两种，除了治理交易关系，还有业务交易关系。业务交易关系主要是面向交易过程的，是针对每一笔交易而言的。可以按照交易是否通过市场化定价划分为市场交易、非市场交易，以及介于这两者之间的状态。治理交易关系主要是面向组织的，是针对组织的剩余权利（包括收益权和控制权）而言的。可以按照是否有所有权关系，划分为所有权交易、非所有权交易以及介于这两者之间的状态。

在处理业务交易关系和治理交易关系上，传统做法通常是用治理交易关系控制业务交易关系（特别是交易频次高、资产专用性高的）。很多企业一考虑到需要长期合作，参股、控股、合资就成为必然的合作模式。近年来，治理交易关系和业务交易关系分离、独立处理的情况越来越多。比如共享经济，e代驾在治理上并不拥有代驾司机，就一对一而言，他们也不是长期契约关系，但从总体上看，e 代驾和代驾司机群体保持了一种稳定的业务关系。

事实上，只要有商业模式设计的思想，很多原本要用治理交易关系（控股、参股等）的设计都有可能用交易成本更低的业务交易关系来替代。

趋势之六：企业获取价值的主流方式将逐渐从“规模经济”转向“范围经济”。我们正处于从后工业时代向移动互联网时代转换的进程中，而这两个时代的成本结构和盈利逻辑是不同的。后工业时代，企业主要的成本是研发、生产、营销、销售等环节的支出，企业赚取的主要是“规模经济”带来的利润，即同样的产品，销售量越大，对固定资产的摊销越有利，企业的盈利状况越好。移动互联网时代，随着各种新技术（广义互联网技术）和新商业模式（新金融、交叉补贴等）的出现，研发、生产、营销、销售等环节对固定资产的需求逐渐下降至可以忽略不计。那么，企业的成本来自什么？来自信任成本！这个时代的商品是供过于求的，哪个产品是好的，哪个企业是值得信任的，都显得无比重要，这也是为什么很多新产品、新企业需要追求极致产品、极致体验的原因。

一旦跟消费者形成了信任关系，那么企业的收获是很大的，因为企业可以对消费者销售多种商品，获取的是消费者全生命周期、全方位的消费回报。换言之，企业赚取的是“范围经济”而非“规模经济”的利润。

趋势之七：企业内部交易结构可以评价每一位员工的产出，从而变革内部商业模式。广义互联网技术和创新商业模式将会变革企业的内部交易结构，企业的颗粒度可以越来越小，可能一个员工甚至一个员工的某一个时间段就可以是一个交易单元。

某蛋糕生产企业让员工组成协作小组，企业只跟协作小组组长交易，首先采取计件工资，结果在较短时间之内，小组就找到了彼此合作的方式，生产率提高了一倍。由于要根据完成的件数来计酬，因此每个蛋糕都打上二维码，通过二维码可以得到每道工序是谁完成的信息。如果在后面的工序中发现前面工序出现的问题，可以直接扣除对这个工序的计酬，省去了质检人员。同时，每个小组有独立的工作台，匹配独立的水表和电表，按照历史数据供应水电流量，省下来的部分，小组占大头，企业占小头；物料也是如此。这使得浪费大大减少。另外，这些小组独立为个体户，企业和它们之间进行订单交易（治理关系），企业可省去相应的成本，而这部分实际上是员工不看重的。

企业组织的存在是为了分配剩余权利和剩余收益，随着技术和商业模式的革新，权利、收益一方面可以切割得更细小，另一方面可以随时、实时地切割，从而实现让一个员工或者一个员工的某一时间段变成一个交易单元。这种变革，将从根本上改变企业与员工（由于独立核算，在所有权关系上甚至都不能再称为员工了）之间、企业与企业之间的交易结构设计。

近来，对内部员工利益诉求的关注、内部裂变式创业等新举措，都属于内部商业模式的革新，跟这种交易单元颗粒度的不断细化、投入产出可量化是分不开的。

趋势之八：基于行业价值链的竞争将下降，而基于同样客户、同样需求、不同商业模式的竞争可能成为主流。

之前，我们对竞争对手的定义通常是针对同样的客户，或者是针对同样客户的不同需求的。所以，我们会把中国移动、中国联通、中国电信定义为彼此的竞争对手，我们也会把可口可乐、百事可乐定义为彼此的竞争对手。但最近几年，很多新的竞争对手出现了，突破了原有的竞争定义。比如，微信的出现，让中国移动、中国联通、中国电信坐立不安；余额宝所代表的新的现金管理工具，使传统银行的竞争压力增大了。它们代表的是另外一种竞争：基于同样客户、同样需求的不同满足方式或者不同商业模式。

再举个例子，最近几年在美国本土，让可口可乐真正疲于奔命的并不是百事可乐，而是一家叫作 SodaStream 的企业。其产品是一款家用汽水机，让人们可以在家里轻松地自制单杯的汽水，而且可以将多达六十几种的饮料浓缩液混合，在家调制出很多不同口味的饮料。其商业模式采取经典的“剃须刀—刀片”模式，家用汽水机作为“剃须刀”，售价便宜，其盈利主要靠后续的耗材，比如苏打粉、饮料的浓缩液。这种商业模式在市场上取得了巨大的成功资本。而可口可乐对此并不能做出有效的反击，只能在 2014 年初与绿山咖啡签订 10 年协议，斥资 12.5 亿美元收购后者 10% 股份，进军家庭单杯冷饮市场，并推出冷饮汽水机 KeurigCold 与 SodaStream 打对台。

SodaStream 针对客户喝汽水的需求，设计了不同的满足方式，其背后一系列的商业模式设计都跟可口可乐不同，因此，可口可乐也就很难利用其多年积累的优势去打败它。基于同样客户、同样需求、不同商业模式的竞争，使在位企业的现有优势无效化，这是更有力度、更有效果的竞争策略。

趋势之九：企业学习能力的提高将使商业模式的跨界成为普遍现象。而商业模式起点的不对称将使这场战争呈现胜之轻而易举、败之溃如山崩的态势。

前文提过，企业家和企业的跨行业学习能力在不断提高，原本“隔行如隔山”的知识门槛、资源壁垒不断被打破和重构，这就使跨界竞争越来越成为一种常态。例如，前段时间 e 代驾裁员了。作为一个曾经在同行业里占有 80% 市场份额的企业，e 代驾的困境来得有些突然。然而，仔细分析，我们会发现，e 代驾的困境跟自身并没有特别大的关系，而是遇到了跨界竞争——滴滴出行进入了代驾市场！

根据艾瑞咨询《2015 年 Q3 在线代驾行业季度监测报告》统计：2015 年 7 月，e 代驾占据了八成的市场份额。2015 年 11 月初，CNIT 发布的《2015 年 10 月中国在线代驾市场研究报告》显示，滴滴代驾入场仅 3 个月，用户覆盖率便达到 70.4%，跃居行业首位。

e 代驾遇到的困境跟在同行业遇到的竞争不同，是一种跨界竞争。换言之，滴滴出行是因为在出租车、快车、专车等业务领域已经形成了巨大的客户基础，然后跨界进入了代驾市场，靠着巨大的用户基础和资本力量，让 e 代驾一溃千里。

但是，滴滴出行会认为自己是跨界竞争吗？恐怕不会。因为从出租车到专车，再扩张到快车，以至于扩张到代驾，滴滴出行采取的是同样的商业模式，换言之，滴滴是把同一商业模式延伸到不同的出行需求领域。这就好像我们出门踩死了几只蚂蚁，对蚂蚁来说是灭顶之灾，而对我们来说，是很正常的日常行为。这种竞争是何等的不对称！

这种不对称竞争将越来越普遍，“城头变幻大王旗”将是一种常态。

趋势之十：商业模式竞争是一个长期的过程，是一个多幕剧而不是一个独幕剧，持续不断地迭代升级商业模式，将是企业需要具备的核心能力之一。

在这个不断变化的时代，唯一不变的就是变化。应对变化的办法则是不断地迭代升级，因为时代在变化，竞争对手在变化，合作伙伴在变化，客户和员工也在变化。

（五）互联网 +，汇聚普惠力量

传统金融尽管将服务定位为城乡优势群体，但这并不是说它就不能进入普惠金融领域。在成本与风险可控的前提下，借助于外部技术，传统金融依然可以创造与提供普惠金融服务，比如大型商业银行向小微企业发放贷款，保险公司为农民提供保险等。但是，由于互联网技术的普及与升级，许多新的金融组织借此迅速切入普惠金融这个细分市场，并形成了对传统金融服务的补白与替代。它们在普惠金融领域的服务与延伸能量甚至大大超过与覆盖了传统金融，换言之，是互联网技术使得金融获得“普惠”的基因，并赋予了金融“普惠”的张力，二者简直就是一个天然的耦合物。

首先，互联网 + 普惠金融具备撕破市场边界的能力。受制于业务铺展的成本压力，传统金融无奈地选择以物理网点作为接近客户、拓展业务规模的基础，自然服务半径被拘囿在有限的空间里。但是，互联网技术的广泛使用在无形中撕破了地域边界，使得金融业可以通过 ATM、电子邮件、移动终端等终端工具，在更大的范围内寻找需要的金融资源，延伸自身的市场服务半径，并能覆盖所有物理空间上的盲区。数据显示，目前我国网民高达 7.72 亿，智能手机用户也超 7 亿，其中运用智能终端进行网上支付的用户达 5.31 亿，所有这些互联网资源无疑构成了金融“普惠化”的重要基础。另外，由于互联网金融产品具备了客户准入门槛低的普遍特点，其小额、大众、平民化优势不仅可以让金融机构获取更广泛的客户资源，也使得处于长尾市场的小微企业、农民等弱势群体接受有效的金融服务成为现实。

其次，互联网 + 普惠金融能够创造出成本比较优势。不同于传统金融只能选择现场服务与交易，得益于互联网技术的支撑，新型金融的服务供求双方可以在网络平台上完成信息搜寻、定价、适配与成交等流程，在实现对实体网点部分替代的同时，还可以减少对人员和设备的占用，从而大幅降低了经营与管理成本，反过来也可让客户能够以更低的价格获得金融服务。不仅如此，互联网技术的固定投资成本虽然很高，边际成本却很低，也就是说平台一旦建成，它可以为之服务的客户群体几乎没有数量限制，进而形成规模优势，这显然与普惠金融完全契合。

最后，互联网+普惠金融可以提供快捷精准的服务。快捷是互联网技术的核心特征，将其嫁接在金融身上，既能促使金融资源的跨界快速流动和提高金融资源的配置效率，也能使用户获取服务变得更加便利。与此同时，通过对大数据的集成与分析，金融机构能够迅速快捷获取用户需求，在此基础上细分市场与实现精准营销，并将服务准确、及时地传达给目标客户，满足个性化金融服务需求。同样，通过互联网普惠金融，用户也可以随时、随地提出自己的特定需求，推动金融机构实现服务的量身定制。

第四节　智能时代的新零售

（一）新零售，是思想上的颠覆

随着智能移动设备普及率的逐年提高，人们有更多的机会接触互联网，使信息技术逐渐进入每一户家庭，并与人们的日常生活紧密相连。中国这些年正处于消费需求急剧增长的时期，在互联网的冲击下，传统零售行业当下正面临着改革。

自马云在 2016 年云栖大会上提出“新零售”这一概念以来，新零售模式至今已发展数年。在经过了两年的发展和探索后，众多学者提出了各自对于新零售概念的定义，但迄今为止对于新零售的研究还尚未形成统一的说法，还需要在日后的发展过程中逐步完善。相比于传统零售模式，新零售最主要的特点就在于利用了现代基础设施，并且应用了大量的信息技术手段，为消费者带来了更好的用户体验，同时帮助企业提升运营效率。新零售运用技术创新手段，将线下零售店与线上电子商城进行深度融合，这种线上与线下进行融合的零售模式打破了两者之间模糊的界限，势必成为未来零售行业的发展趋势。除了线上线下与物流之间的融合外，新零售模式还有一个最关键的特点就是云计算和大数据的应用。通过这些先进的技术手段，可以让消费者不再受空间的限制，随时随地都可以通过自己的移动设备在最省时省力的情况下完成购物过程，使购物体验有了质的提升。

新零售行业最重要的部分就是用户体验。企业需要将“以人为本”作为商业模式发展的核心，将满足消费者日益增长的多元化消费需求放在首要位置。另外，除了消费者之外，企业内部员工和上下游企业合作伙伴也同样包含在“人”这一概念中的，其主要的模式有以下三种。

第一种模式：消除商品与物流渠道之间的界限。

为了提高企业的运营效率，线下的零售商与线上的零售商都会寻找销售渠道来扩宽自己的经营范围，此时线上企业与线下企业可以通过互相合作这种双赢的方法，在彼此之间进行渠道的扩张，实现互利共赢。这样做既可以在物流高峰期拥堵的情况下实现就近配送，同时可以解决消费者最关心的价格问题，即同款商品同一价格。此外，消费者还可以在网上下单后到就近线下门店自行取货，或者在线下门店缺货时当即订购商品从线上发货，形成一种消费者与零售商之间的良性循环，使消费者在其中可以享受巨大的便利。但是这种零售商之间的合作并不单是一种普通的O2O，它消除了线上与线下原有的界限，使多家零售商共同合作，形成一种良性循环的多渠道物流配送网络，在这其中受益最大的无疑是广大消费者群体。当消费者享受到了便利，企业的效益自然就会增加，也就会有越来越多的企业开始投入运营这种新零售模式。不过，这种新零售模式与大数据和云计算等先进技术的支持密不可分，也将为技术人才创造更多的就业机会。

第二种模式：建立场景化消费场所，提升商品的认知度。

新零售行业的首要发展方向便是将消费“场景化”。所谓消费场景化，就是系统地分析消费者使用产品的主要场景，满足消费者在不同场景下对商品的多元化需求。这种消费过程不单单是针对产品的出售而言，还包括使用体验、烘托使用氛围等多维、多层次的附加内容。通过实现消费场景化这一目标，消费者在进行消费的同时会更加具有代入感，能够将自身融入消费环境当中去，从而增加消费欲望。但目前只有少数大型购物商场才能做到将娱乐、购物和餐饮汇集到一起，如在全国分布很广的万达广场。这种消费模式正是未来线上线下零售企业实践和发展的主要方向。

第三种模式：打造“新零售”全渠道生态圈。

该生态圈既包括零售企业内部的员工，也包括与企业合作的上下游企业，例如提供产品生产的制造商、负责出售商品的商家以及物流渠道内的合作方等，通过多方企业汇集在同一平台上进行商业合作，互相之间实现互利共赢，使该生态圈内的企业良性发展。

（二）零售时代的演变历程

现如今，一家大型超市可能提供约 39000 种商品供顾客选择。这个数字有点惊人甚至不可想象。可喜的是，零售商和零售设计师比以往任何时候都了解顾客的消费需求。他们利用电子集成技术、应用程序、零售店中的 VI 导识设计、零售图形设计等，让这么多种商品能被顾客找到。这些应用尝试以及自助结账、送货服务等，构成了提升零售设计及零售店客户体验的重要手段。那么，零售业是如何演变的呢？

第一，20 世纪 60 年代前。

将时间倒回 50 年前甚至更早，全球零售架构和购物体验都在随着经济、技术和社会趋势的发展而变化，而这种变化似乎就是在一步步地塑造着零售设计体验的未来构想和蓝图。在第二次世界大战后，大型超市的数量虽然只占所有食品零售店的 5%，销量却达到了食品零售的 50%，这直接引发小规模零售店的倒闭潮。

第二，20 世纪 60 年代和零售店设计。

随着 20 世纪 60 年代零售店的复兴，先前使用的标准化零售架构设计被重新利用和改进。像 A&P 这样的连锁店创造了以殖民为主题的零售店，而 Safeway 这样的连锁店则将透明的玻璃门等元素纳入其零售设计中。在 20 世纪 60 年代经济蓬勃发展的美国，人们对零售店多样化商品的需求激增。为了与迅速发展的快餐业竞争，许多超市扩大了零售店的设计，将熟食、面包等业务纳入它们的经营范围，同时扩大产品与服务范围，商品的质量也在这个时代受到了重视。

第三，20 世纪 70 年代的零售店和电子技术的应用。

20 世纪 70 年代，人们见证了零售业中电子技术的兴起。其间，许多零售店推出了通用产品代码（UPC），这一创新直接影响了零售业超市设计、零售设计的规划，并使零售商能精确估算特定产品的库存及需求。1974 年，结账扫描仪在零售业中又取得了技术上的重大突破。

20 世纪 70 年代，人们很少关注零售业的架构、客户体验和零售设计。零售设计整体以简约风为主，以便为零售商节省资金。简陋的布局、金属货架及极简的陈列，是这一时期零售店的特点。与此同时，超市开始推广折扣产品，打价格战，这种价格战也使得零售设计和客户体验被忽视。此外，20 世纪 70 年代后期见证了零售批发的兴起，这种形式包括散装和零售产品。

第四，20 世纪 80 年代，融合食品、百货商品和药品的超级购物中心兴起。

随着 20 世纪 80 年代的经济复苏，连锁超市利用巨大的购物空间吸引顾客。1988 年，一直专注于一般品类商品的沃尔玛开设了第一家超级购物中心，标志着公司进入零售行业。很快，Kmart 和 Target 同类型的零售商也纷纷效仿。超级购物中心模式融合了食品、百货、药品等零售业态，将它们汇集成一个大型的超级购物中心。

第五，20 世纪 90 年代的多零售形式。

到 20 世纪 90 年代中期，超市演变成多种形式。食品协会公布了 14 种商店类型，包括传统超市、超级商店、超级仓库、批发、便利店和超级购物中心等。传统的超市被归类为拥有 9000 件或更多商品的商店，包括熟食店和面包店。这些商店在 20 世纪 90 年代中期占该行业总量的 26%，而在此之前的 10 多年，它们占该行业总量的 50%以上。比传统超市略大的超级商店被归类为购物空间至少 30000 平方英尺的商店，并提供超过 14000 件商品。较大的超级仓库被归类为平均占地 100000 平方英尺的商店。批发店被归类为专门从事零售和批发的商店，其平均占地面积 90000 平方英尺。最大的就是超级购物中心，平均占地 150000 平方英尺，其 40%的空间专门用于零售店——这种超级购物中心的模式是零售业增长的载体。而规模较小的便利店，通常连接到加油站，提供各种日常杂货、一般商品和热食。

第六，2000年以后零售店的零售设计及其趋势。

在千禧年之际，沃尔玛以超级购物中心的零售设计形式成为全美最大的零售商。2000年，当时的美国拥有800多家超级购物中心，而沃尔玛这家零售巨头的销售额占据了整个美国食品零售业销售额11.1%。同时，零售店越来越多地转向可持续发展的零售设计。根据食品营销协会2007年关于零售店发展的报告显示，更多的零售商已经接受了可持续的零售设计：21.6%的参与者表示，绿色零售店设计是他们组织的目标；58.5%的参与者表示，他们的组织正在考虑绿色零售店设计。此外，更加强调通过自助结账简化结账流程。美国6%的超市在1999年提供了自助结账通道，到2007年，这个数字达到了95%；2013年，沃尔玛在美国各地的商店安装了10000个自助结账台。数字化技术飞速发展的今天，我们目睹了线下和线上零售业的融合，电子商务改变了客户购物和与零售商互动的方式。为了提升客户忠诚度，许多零售商正在尝试让他们的电子数字技术变得更方便顾客。如今，许多人可以轻松地在线或通过移动App订购商品，送货到家不受时间与空间的限制，沃尔玛已将其在线零售电商服务扩展到了150多家实体店。显而易见的是，零售空间和零售设计将继续在促进顾客体验方面发挥举足轻重的作用。谈及零售设计的未来，我们已经看到零售商正在缩小线下的规模，整合尖端技术，提供更全面的线上购物选择。方便、新鲜，是如今顾客最看重的两点。线上电商提高了购物的便利性，线下零售店提供给顾客一个真实触摸、体验商品的环境。对于零售设计公司而言，了解消费者最新的购物习惯和零售业的趋势有助于我们与客户共同成长。零售设计的基本组成部分，如清晰的 VI 设计、货架布局、照明设计和选材等在零售空间设计中越来越重要，它们是提升顾客关于客户体验的关键因素。

（三）新零售的发展需要智能时代

新零售是以用户为中心，在技术驱动下，建立在可塑化、智能化和协同化的基础设施上，依托新供应链，线上线下深度融合，重构人、货、场，满足用户需求，提升行业效率，实现“全场景、全客群、全数据、全渠道、全时段、全体验、全品类、全链路”的零售新模式。智慧零售是新零售的表现形式。

第一，新技术是第一驱动力。

新零售的产生本身就是移动互联网、物联网和大数据等技术日益成熟的结果。随着人工智能、AR/VR、生物识别、图像识别、机器人等技术更加成熟和应用门槛大幅降低，以及新技术层出不穷，部分领先的零售企业不断应用最新科技，提升消费者的全程体验，同时降低运营效率、降低成本。

第二，以消费者为核心。

过去数十年，供给方或渠道方在市场中的主导地位在历次变革中固若金汤，但现在话语权逐渐转移到了消费者手中。消费者越来越站在了商业活动的中心，成为市场的主导方。中国大规模的生产制造能力已经形成，消费者的主导权变得前所未有的大，对消费者需求的理解和感受也变得前所未有的重要，开始真正进入消费者时代。“80 后”“90 后”“00 后”正成为中国市场的核心消费群体，新一代消费者自我意识更强，他们的消费态度和行为也更加个性化。他们更重视购物过程体验，希望与品牌商及零售商建立交易关系之上的信任感和亲密感。他们对社交媒体上营销信息的接受度也明显更加开放、正面，使产品和服务提供商在社交媒体上针对消费者个性需求提升影响力方面拥有更大的发挥空间。

第三，OAO 线上线下一体化。

传统的零售业以顾客的单渠道购物为主，互联网出现后，多渠道购物开始盛行；社会化媒体出现后，开始了跨渠道购物的尝试；移动社会化媒体普及后，人类开始进入全渠道购物阶段。

在全渠道条件下，购物的主动权掌握在消费者手中，消费者可以借助各社交媒体选择零售商终端，享受极致的购物体验。从零售商的角度来看，全渠道就是在多渠道的基础上，对各个渠道进行整合，让各前台、后台系统实现一体化，为客户提供一种无缝化消费体验。从消费者角度来看，全渠道就是可以让消费者在一个渠道挑选产品，在另一个渠道进行比较，最后选择第三个渠道支付购买。

第四，全域新营销。

全域新营销是以消费者运营为核心，以数据为能源，实现全链路、全媒体、全数据、全渠道的一种智能营销方式。通过数字化地管理消费者关系，分析消费者行为，最终把消费者跟品牌的关系用数据表达出来。这种关系可视、可被管理、可被运营。

对商家而言，把消费者变成一种资产后，为长期的品牌建设提供了一种可视化的参照。所有与品牌产生过关联的消费者都可以被当成这个品牌的资产储备，然后完成在全渠道融合的消费者体验，从而达到消费者和品牌关系全链路的精细化运营，赋能商家在未来的营销和品牌建设上做出更聪明的选择。

第五，场景化体验渗透产品和服务。

首先，企业产品会根据场景设计功能，强化用户体验。比如你想坚持跑步，但是常常因为各种原因半途而废，这时候，你是不是希望有一款工具可以激励、督促你呢？这时微信就开启了微信运动功能，通过记录用户步数、和好友 PK 等模式进行运动激励。一个单纯的跑步运动，变成了一个包含诸多场景的运动体验。

其次，在产品体验不足时，企业会建立适当的服务场景打动客户。比如我们买房时，如果看到的都是毛坯房势必兴致大减，而看到样板房就会有“家”的感觉，从而刺激购买欲望。通过场景来打动客户的购买欲望，能引起消费者的共鸣，从而促进产品和服务的销售。

另外，通过大数据分析预知消费场景来提升客户体验。通过对消费者的大数据分析，企业可以轻松整理客户需求、预判客户使用场景，优化产品和服务。

第六，社区成为流量主要入口。

在场地租金攀升、企业利润下降的大环境下，门店越开越小已成为中国实体零售不可阻挡的发展趋势，便利店、精品超市、社区型购物中心等社区商业将成为零售企业寻求转型升级的重要方向。

伴随中国社区零售整合、全渠道发展进程逐步加快，投资成本低、成熟周期短的社区零售必将成为支撑行业发展的重要推手。从长期发展来看，“小而美”的社区化零售业态将更符合新形势下消费市场的客观需求，社区作为线下主要流量入口的作用将越发重要。

第七，无人化零售快速扩张。

作为连接生产与消费的流通环节，传统零售企业对全供应链控制能力较弱，信息传导响应不及时，供需错配导致企业库存高起、周转率低、商品同质化等问题不断加剧。目前，随着技术发展、人工和租金的大幅上涨，以及基础设施的规模化和移动支付的普及，尤其是人工智能和物联网技术的飞速发展，无人化零售已经具备加速发展的客观条件，加之资本入局，无人化零售将进入快速扩张阶段。

各种新型的自动售货机，包括占领办公室的自动咖啡机、自动售卖冰柜，还有占领连锁酒店的情趣用品售卖机等，也将成为新零售形态中不可或缺的一部分。

第八，重构供应链。

传统的供应链是层级式的，低效复杂。到了纯电商的供应链阶段，虽然是点对点的，但线上线下是分离的。

新零售将重构供应链，包括：

（1）智能分仓。针对不同区域安排商品的种类和数量。例如，蒙牛通过开设前置仓，将蒙牛的爆款商品以最快的速度送入 600 万家小店，速度提升了 300%，同时节省了两道经销商环节，明显提升了时效。

（2）以店为仓。将门店作为仓库的载体，实现店仓结合。雀巢所采用的“实库虚库一盘货”就是典型的店仓结合，通过本地仓和门店发货，次日达和当日达的比例都得到了大幅提升。

（3）柔性供应链。无论是商品流、信息流还是现金流，都需要快速响应。比如五芳斋的“C2B 供应链”让消费者选择粽子的馅儿，选后快速反馈到工厂进行加工，之后快速配送到消费者手中。

第二章

“工具 + 社群 + 商业”模式：用流量定胜负

互联网的商业模式是混合了多种平台、多种工具的商业模型，比如利用具备社会属性的社交工具，经由各自的内容等将核心功能过滤给用户，提供精确的需求。比如微信中的小程序可以满足用户需求，而小程序往往是第三方开发的，第三方也具备独立的App提供服务，这种形式就是互联网的新商业模式，二者可以相互配合。可以说，工具是满足用户需求的手段，可以有效地沉淀用户，社群关系的属性经由联系来配合多者完成任务。

第一节　社会化商业，“网”聚用户

（一）社群——正确的商业模式

社群是很早就有的概念。随着互联网的出现，通过互联网的信息高效传输能力让不同的人群伴随价值观等不同的观念聚集起来，依据网上的有效信息传递，给予了社群不同的概念。在商业模式之中往往针对一类人群开展营销策略，通过互联网可以简单方便地聚集起社群尤其可以精确地找到客户，从而根据顾客的需求来针对性地布置，提供附加值较高的服务。由于社群经济极大地依赖于社群规模，企业一定要依据用户的喜好来制定不同的服务模式。如今的社群经济与以往的社群商业模式相比具有不同的特征。

第一，营销手段——大数据和社群经济。

影响社群最重要的就是推广营销环节。这个环节经由推广营销方法来吸引客户，通过满足客户的需求来扩大客户群体。市场调研可以使用传统的方法，但是借助的工具从问卷到电子化问卷甚至软文等不同形式，企业分析不同工具、不同平台的数据，分析并归类，重视客户的需求，有效针对用户的购买行为进行预测，设计符合用户需求的产品，从而实现个人化、定制化。

不过，经由数据的挖掘仅仅能够了解到客户的经济价值。在社群经济的理念中企业竞争力是需要经由产品和服务来提高的，也就是要增强用户的黏度和用户的转化率，在维系老用户的同时实现品牌效应。

可以说互联网为大量行业开了先河，比如健身房、网吧等。这些企业有明显的用户群体，主要以青少年和大学生为主，对于营业时间、收费都有不同的标准，根据地理位置、城市发展有着同一性也有着不同。经由互联网的发展可以让用户的需求呈现出来，找到最优的方式，这就是大数据时代互联网社群经济的体现。同时，免费服务是必不可少的，很多的宣传活动都有免费服务，如移动 App 免费活动等，可以给予顾客最好的客户体验，让企业不断审视自身及产品。

第二，“免费 + 付费”相结合的定价策略。

社群经济的服务费用是有一定理论背景的。同时也存在一些使用免费服务而放弃付费服务的用户，由此可根据是否付费将用户分为两种类型：免费用户和付费用户。付费用户所能够获取的服务和产品相比免费用户更为优越。也就是通过差异化服务，首先筛选出适用产品的优质用户，然后通过差异化服务来满足用户需求，最后吸引免费用户群体进入付费群体之中。

很多的企业服务都有这一概念，比如 VIP 展会快速通道，比如游戏的皮肤等。

社群经济的商业模式就是引入第三方来分担经营的成本，在两种用户群体之中，获益的方式不尽相同。在信息时代，直接的经济收入不是全部的经济效益，更要依靠无形的宣传和推广，有形的活动和内购才能够转换成经济效益，成为直接的收益。可以说直接给予用户提供的服务是充分的，付费内容也是完整的，如此才能够引入第三方，实现合力共赢。

在各大支付以及购物平台中，淘宝就是通过一系列免费服务获得了庞大的用户群体，奠定了经营成功的基石。相对于以往实体店的模式来说，淘宝的社群经济新商业模式，汇集了供应链、物联网、互联网等交互方式和崭新的交流模式，可以说正是由于这些创新的基础才让平台的用户数量不断增加，软文等软性广告模式也是由于发现了硬广将会导致客户流失的问题而发展起来的。

第三，线上线下一体化。

在万物互联的信息时代，社群经济是各大企业重点关注的市场。企业的激烈竞争正是由于这种商业概念的影响，同时技术的进步将进一步推动产品更新的速率。企业的科技创新水平和厂商的产品制造能力缺一不可，所以企业也采用第三方合作的模式来达到获取经济效益的目的。可以说研发能力和制造能力的分开，创新企业的专利营收是现下经济体系的重点内容。

企业的互联网交流方式可以通过不断增进交流以防止用户流失。较快的信息交流提高了用户浏览的效率，同时由于效率所节约的时间让用户可以浏览更多的产品，这种浏览和交互方式是主要的用户群体维持规模的方式。另外一种方式就是在线上交易，通过物流传输实体产品，可以极大地提高用户的使用体验。

第四，跨界经营。

在社群经济体系内，企业的经济不是一成不变的，可以说社群概念就是企业的重点资源，也是产品能否营销的重要判断基点。社群是为了用户建立的，根据用户的需求可以直接划分出用户的喜好等。经由互联网的交互方式可以提升交流的效率，实现更快的信息交互。企业和用户之间有着深厚的关系，企业就是通过这种信息交互快速吸收来自用户的需求信息。不同于以往的传统商业模式，这种模式中企业和用户的交互更多，也更为重视定制化。应该说在大规模的产品理念之中针对个人的定制化是极难办到的，但是经由社群经济，了解了大量的用户需求后满足目标用户群体的定制化是可以实现的。随着使用的产品种类、功能变多的时候，用户也就对企业产生了依赖性。

跨界经营所要重视的就是目标群体。对于社群概念进行判断，先有跨界经营能否盈利、能否扩大目标群体的判断，然后才有跨界经营的行动。

（二）用户需求及基础产品形态

对于用户的了解是产生创新的关键。商业模式之中，私人化的商业往往面向高端消费人群。此类人群的消费能力高，更希望实现差异化。而对于广大的基层和中层消费者来说，满足需求的产品更为有利，在创业和创新的时候，就需要了解清楚基础的产品形态和用户需求，经由满足用户需求的针对性研发之后，才能推出迎合市场的产品。面对不同的用户需求可以定制不同的产品和服务，但是产品和服务是存在基础的共性的：对于信息的获取是最为重要的特性，一种产品或者服务，第一要解决的是塑造一个开放的信息交流环境来完成公开透明的信息交流；第二是可设置的私人化，让用户依据自身的喜好来更改 UI 设计；第三就是安全性，在信息时代对于数据的保密性和安全性极为重视。可以说安全性几乎是互联网企业的命脉。之后就要针对不同的用户来提供基本的服务，比如在媒体上实现信息交流、社区间进行交互、不同媒介之间有所联系等。

第二节　三位一体的流量模式

（一）工具汇聚流量

互联网是平台，是信息交流的场所，所有依托于网络进行的营销活动都无法脱离网络的帮助。可以说只有加快互联网技术的发展才能够强化网络营销活动的收益，同时由于产生了网络营销的好处和收益，可以相应地促进互联网技术的发展，比如用户常用的社交工具都取得了长远的发展，从以往单纯的信息交流变得多种多样，可以经由语音信息、游戏要求、小程序等进行操作。扩张工具的内涵达到营利目的，同时提供了诸多网络免费服务，也提供付费的差异化 VIP 服务，从中获取极大的利润；还可以根据工具的便利性和各大第三方进行合作，投放广告、接收信息等。

博客是早期社群交流所使用的工具，它不仅在个人的网络日志之中使用，也可以成为企业进行信息发布的工具。

在互联网不断发展的今天，网络的营销方式也在不断演进。通过网络平台进行信息的传递以达到营销目的是最常见的网络营销方式，对于企业来说这种方式传播的信息更具备广泛性、有效性，可获得优质的广告效益。不过，这种模式在博客类运营的网站比如微博上就需要有较高的关注量才能够取得良好的效果。所以企业不断改进管理，都想要对互联网这一市场进行分割，为用户提供优质的产品和服务。可以说企业在这种条件下有着极大的机遇。在市场竞争中，服务业有着极大的占比，没有良好的运营能力是无法在这种环境中生存的。经由网络平台的工具可以联合不同领域的企业达到合力共赢，网上办公的形式也在不断演进，电话会议更有效率。可以说网络连接了万事万物，只要有能力洞察事物的联系就可以从中获益。

互联网直接打破了空间和时间的限制，让企业可以完成全天候的运营，让市场更加宽泛。物联网的运用让全国的人民都可以购买各地特产，不再是必须要到达某地才能够购买。有很多的企业洞察了这一特点，在这种机遇下把握住机会，将市场拓展到全国乃至全球，发挥独到的产品服务功能。

（二）社群沉淀流量

社群就是互联网自发性地聚集了相同价值观和兴趣的用户群体，由于自发性的需求所以产生虚拟社区群落。营销模式的变化驱动了现代电子商务的发展，社群经济真正被利用起来正是受这种商务思维的影响，让社群经济具备可发展性、可循环性，也就能够让社群不断地投入。社群的优势就是可以聚集起具备相同价值观的用户群体。这类用户群体往往有着相同的购物观念和需求。企业可以针对性地进行调研，生产具备定制化特点的产品来营销。可以说用户的购物意愿不仅来自自身，还有很大一部分来源于企业的营销策略和模式。社群流量的机会让电商有了发展的可能，互联网让消费者的行为得到了改变，让企业的数据挖掘能力得到了发展。

互联网的发展衍生出了三大电商，即传统电商、移动电商、社群电商。目前这三个概念在业界流传已久，而在学理上尚没有严格和公允的定义。通常意义上讲，传统电商是指依托个人计算机（PC），以网站形式存在的网上交易方式，所以传统电商也可以称为 PC 电商；移动电商与 PC 电商相对，强调以移动智能设备为载体，基于移动互联网完成的在线交易；社群电商是近年来国内互联网领域产生的新型交易方式。目前国内以社群电商为主题的研究非常少，只有少数学者对社群电商进行定义，其中徐艟认为社群电商是“基于网络的双向沟通模式，通过网络和关注者群体长期发生电商交易”，并指出社群电商可以理解为社交媒体和电子商务的结合。社群电商和传统电商是一组相对的概念，社群电商更强调通过社交平台完成交易活动，但如果要深入理解社群电商的特征和规律，则需要更系统地讨论社群电商和传统电商的联系和差异。

（三）社群经济

第一，社群经济的内涵。

社群是一种特殊的社会关系，具有相对稳定的群体结构、较为一致的行为准则和价值规范，并能产生一致的行动。基于以上这些特征，社群的商业价值得以彰显，社群经济应运而生。所谓社群经济，是指围绕着拥有共同兴趣、认知、价值观的用户共同体，为他们提供产品或服务，并通过社群内部的互动、交流、协作和相互影响，对产品和品牌产生价值反哺，从而实现盈利。社群经济是基于社群而形成的一种经济思维与模式，它依靠社群成员对社群的归属感和认同感而建立，借由社群内部的横向沟通，发现社群及成员的需求，其重点在于通过服务这些需求而获得相应的增值，并进一步建立社群内部的生态系统。

社群的变现能力是将传统的流量转变为可以直接利用并获取效益的流量的一种行为。原本的流量指的是用户群体的注意力，被注意到就是流量。但是现下的流量是人气，是用户喜爱度的问题。在以往的模式中用户是零散的，不聚合的，没有稳定的连接关系，难以构成自运转和价值链条。但是在互联网社群经济的影响之下，这些关系具备互动性，可以完成协同多维的运转系统。

第二，社群经济的本质。

社群经济的本质是关系经济，对社群经济本质的探讨首先需从社群的本质说起。社群的本质是价值观共同体，是关系的集合体。从社会学的角度看，个体具有群聚的本能，并希望在群体中满足其各种需要，如爱与归属的需要、自尊的需要等。社群中的关系正是通过群体交流与互动而逐渐形成的人与人之间的情感关系。社群自古就有，如原始时期的部落、封建社会的宗族是血缘关系的集合体，现代城市社区是地缘关系的集合体。因血缘、地缘而形成的社群天然地具有情感属性，人们在社群内进行分工协作或社会交往，增进情感关系。互联网的诞生和发展，扩大了人类交往的半径，带来了社交关系多元化。网络中的个体虽然散布在世界的各个角落，且大多并无血缘关系，但因为具有相同的价值观、兴趣爱好等而聚集起来，借由网络的连接进行互动和情感交流，生成了大量的新型社交关系。与传统的社群相比，网络社群的存在形式、连接方式发生了改变，但其作为社群的本质并未改变，仍然是情感关系的集合体。

2009 年，美国的经济学家提出了关系经济的概念。这个概念是将交易行为等商业行为和关系相互联系的商贸模式进行比对。

其中对于社会资本在经济运作之下的作用进行了大量的比对，可以说相较于以往的商业模式，关系经济更具有生命力。如今，这种概念不断进化，成为现代的社群经济。社群以大量的关系纽带作为基础，关系的建立较烦琐。社群本身集合了大量的关系，从联系之中开发商找到商机，不断连接，这就是关系经济的要点。社群产生了关系和经济后，也就成为信任和认同的关键。

良好的用户关系是社群变现的前提。社群运营其实就是运营用户关系，思考如何将弱关系变为强关系。“生产力的重要性越来越低，建立关系成为最主要的经济活动。”企业社群运营时要充分认识社群的特征，顺应用户新的行为模式。社群时代的用户具有了话语的主导权，用户参与的意识在提升，参与的程度在加深，在这种情形之下，企业要注重用户群体关系的建构，在社群运营时要摒弃过去以企业为中心的思维，以平等、协作的方式与用户结成伙伴式甚至朋友式的信任关系。

第三，社群经济的构成主体。

社群经济由平台、用户、服务员构建，每一个链条都需要由不同的角色来承担压力，每一个角色都可以运用其自身的能力比如微信、QQ 等社交工具，已经脱离了早期社交需求，继而研发出运营过程中的服务。在持续进行价值产出的同时，也可以不断营造出优质的品牌效应和形象，不仅仅是为了留住用户，也可让成员的需求被满足，然后通过广告等方式来获取利润。社交关系之中蕴含着利润空间，社群的成员可以经由社群来交流交易行为消费等，进而强化用户消费强度。

第四，社群变现的主要手段。

社群变现的手段主要有广告、电商、会员费、用户付费。

（1）广告。在聚集了一定的社群之后经由商业合同在对应平台营造广告。广告的价值不仅仅来源于此，社群的信任体系和情感维系都可以让平台企业获利。形成品牌效应之后，广告可以更为直接地获取到收益。在现代社群经济的影响下，大量自媒体和自流量的出现，让社群经济的效益得到证实。在当下的经济环境中可以说社群经济让近 10 万主播这一新兴职业得到收益。

（2）电商。电商经由互联网方式利用社群经济进行商品营销，可以说有形的产品在社群之中进行商品的营销和推荐，利用广告是关键的一环。利用明星进行宣传也正是看重了明星的粉丝群，看重了粉丝这一共性的群体，所以越来越多的自媒体出现后，自带流量的小网红也会承接广告并收取广告费用。在如今最为热门的直播带货中，带货能力基本都是依靠社群经济。

（3）会员费。会员制也是差异化的一类，通过会员制的建立可以营造出个人定制化的氛围。在社群经济中差异化是必要的，比如不同的俱乐部、不同的社群有一定的入群门槛，这也是对于免费用户和付费用户的区分。只要能够做到差异化的体验，免费用户将会大量涌入付费用户的行列之中。这种方式需要对付费会员提供极大的附加值。

（4）用户付费。付费的产品和服务是要和当代社群经济免费用户需求区分开的，也就是经由付费的方式可以获取符合一定价值需求的产品。此类产品要满足用户需求，比如专栏、私密影像、作家的私人号等，都需要会员经由缴费的方式取得查看的权力。

第五，现有社群商业模式中存在的问题。

现有的社群商业盈利模式单一，影响社群经济效益。目前，大多数社群的盈利主要来自广告、电商、会员费和用户付费。不同的社群根据自身的产品、内容、属性以及受众的不同，选择上述盈利模式中的一种，少数兼有多种。从总体来看，社群盈利模式较为单一，存在一定的风险。

在盈利模式上，单一的方式将会直接影响社群经济的收益。比如广告，较为强硬地推广广告方式会让用户难以接受并产生嫌弃和厌恶的心理，社群经济之中用户的心理是盈利最关键的因素，如果社群没有合理的运营模式就会导致用户的丧失，使社群的广告收益降低。

盈利模式对于商业模式有着极大的影响，它直接决定了商业模式的逻辑结构。可以说商业的营收根基就在于盈利模式。由于社群经济之中每个社群的内容、受众、产品和架构都不同，所以社群的经营者需要根据社群的特色来考虑如何进行盈利模式的构建。

社群的价值和商业化之间是冲突与融汇并存。社群经济的基本需求并不是商业而是聚集。社群的运营者不能只看商业模式的盈利，同时要重视社群经济的社会性与经济性。

在社群经济中用户经过大量的信息交互可以实现商业价值的传递。而在社群互动之中难免会产生商业的推销内容，商业化的信息在用户之间传递，如果过硬用户不喜欢，就会导致用户流失。如今的消费者往往十分敏感，所以应致力于使用软广来完善用户体验；如果无法洞察用户的心理变化，让用户有所厌烦就会导致社群体验的失败；此外，商业化会极大地影响成员判断社群的价值。对很多用户来说，形成社群的原始初衷就是交流思想、传递信息、表达喜好，如果社群交流不能够满足交流的需求就会导致衰败，从而极大地阻碍商业发展。

商业模式的核心就是创造价值。对于社群经济来说提供给用户的内容和价值是可以让用户的需求得到满足的。社群经济的发展一定是先吸引到一定的用户群，再进行后期的效益回收。一旦有优质的客户和大量的产品就可以让社群经济蓬勃发展；反之，没有提供持续的服务价值产出就会导致用户流失。

第三章

跨界模式：冲破行业屏障

如今不同领域的交互以提高产品的创新性，是一大产品研发潮流，也让很多行业的边界得到了扩展。有组织地开发产品是普遍的现象，信息不对称的情况被互联网击溃。组织需要更好地和环境进行互动，就如同水一样，会受到外力影响产生波澜，波澜之后是平静。一个好的组织一定是有着可塑性和利于合力共赢的。

第一节　用新规则重塑行业格局

（一）规则如何正确定义

规矩是行业的规范，规则是行业获利的模式，没有规则就会导致逻辑的不成立。实际上规则是和人类的发展紧密相连的，规则其实就是社会性的一种，遵守规则才能够服务于社会大众。

在《辞海》中对于规则的解释很多，大体上是规范的意思，将规章制度、法则规律，按照一定的方式来归整，同时有书面的文件来确定，比如国家机关所发布的法规具备法律的效力。社会各个企业单位都有独属于自身的规则。《辞海》之“规则”不仅仅约束了人的选择，同时告诉人们可以做什么。

智能商业时代，新规则重塑行业格局。智能商业时代的行业规则相对传统商业模式已经发生了巨大变化，主要体现在以下三个方面。

第一是平台的角色。平台是连接各个角色的中介，可以通过合作来建立起盈利价值链条，同时维持各大角色关系。

第二是平台上所承载的商家。平台主要提供的是用户体验，是价值连接。商家所提供的是直接产品，海量的卖家可以丰富商品，商户的价值提供和自身的生命力来自产品本身的竞争力，性价比在这一点上发挥了重要的作用。大部分商家优化价值效益的方法就是营销和生产。

第三是用户。平台依靠用户的使用，平台的优越将会催生用户的使用。用户充足的平台就可以占据一定的市场份额。

（二）产品：从交易价值到使用价值

以往的产品追求交易价值，对于企业来说产品的商业价值就是利润，而所有的支出费用就是成本。现在的商业不仅仅是单独贩卖产品本身，更多的还有产品的连带服务。在商业时代中产品的使用是获取其价值，用户需要不断地获取到产品的价值才能够不断地得到价值。

产品的价值不仅仅是企业创造的，也是用户自身的需求所创造出来的。比如航空航天公司，大量的利润来自航空之中的餐饮等额外服务，原本仅仅提供交通功能的航空也就变得不一样了。在用户提出需求、企业完成需求的过程中技术进步由此产生。就现在来说，更加需要智能化的发展，于是不仅仅是人工智能等方面获得了蓬勃的发展，在家电智能化等实用方面的技术也连带着急速进步；同时这些进步呈现在产品中，用户使用了产品之后会反馈给企业。这种供给关系有着优越的地方，可以帮助客户完善自身体验，也帮助企业预知下一步发展。平台就是整合这些产品和反馈信息的地方，也是同行业的交流和不同行业之间合作的地方。

（三）市场：从大众市场到人人市场

商业模式中可以经由细致划分市场需求，针对不同的社群用户提供一定的服务和产品，可以说往往不同人的需求是全然不同的。但是根据社群经济的思路，需求是存在共性的。在智能信息时代可以依据大数据算法来完成个性化产品，原本面向大众的市场可以转变为针对不同需求的市场。最近几年来互联网公司的市场价值突飞猛进就是由于市场的转变。现在的平台也不是初期的单纯整合资源的平台，由于加大了对于信息资源的利用，同时由于大数据人工智能的算法发展，对于如何帮助有需求的用户挑选针对性需求的产品以及挖掘用户需求都有着完整的算法内容。信息的分享是平台发展的重点内容，不同的用户可以依据算法支撑下的搜索引擎找到自身所需的信息。

（四）客户关系：从个体价值到群体价值

个体的价值不仅仅来源于用户需求的挖掘，各大企业都十分注重对于共性用户需求的满足，同时企业也要尽力实现私人订制。个体价值和群体价值是存在着共性的，智能驱动下云技术可以通过叠加客户关系，增添联系来创造价值。比如，恒温器的机制是可以记录下室内的温度然后平衡温度，在智能化发展的时候可以不断增加家电之间所存在的联系，人工智能分析电价，给予一定的家电使用方案。区域之内的百万家庭所使用的智能体系家电开创了崭新的市场前景，这就是由个人价值衍生到群体价值。

（五）行业：从边界到跨界

行业的同质化是由于行业边界的固化，没有突破就没有创新，就无法研究出跨界的优越方法，所以企业要探索行业边界然后进行跨界合作，如此才更便于管理。

打开同质化的边界需要先了解相同的竞争要素，防止竞争的驱动，同时智能商业开创了以用户为中心的模式，经由用户动态数据的计算和累计可融合服务和产品整合相关的信息，精确地为每一个用户提供私人定制的产品或者服务。现下的行业规则是远远异于过去的，很多规则都不再是传统的固化，边界的打破、跨界的出现，就是这一现象的有力证明。用户为了自身的需求而给予意见反馈，企业进行定制化处理是一大发展形势；同时给予标准满足群体的基础需求，这也是模块化的含义，可以随时添加所求功能。现在的各类产品不仅有原有的基础功能（比如冰箱可以冷藏），同时具有附加功能，比如小米家电可以联通移动应用，智能开关并收集信息，客户可以依据自身的喜好来订制想要听的声音等。这些附带的服务也使产品具备了超出传统的价值。

现在的时代，商业都往便民服务的方向发展，娱乐化的价值上升势头是最快的。不同行业的数据和资源被互联网所连接，经由平台的整合和布置传递到每一户家庭之中，对于每个用户的需求也可定点传输。

第二节　跨界，从高风险到新潮流

跨界并非单纯指进入另一个行业的市场。

传统的行业边界是确定的，跨界是模糊的，但是跨界并非某一行业之内的企业开始去瓜分另一个行业的市场蛋糕，而是使用原本行业内的创新去尝试另一个行业的原本产品内容，然后形成区别于以往两个行业的产品。互联网的功效就是使用信息传递的优越性来进行信息的整合。不同资源的整合，经由厂商到达用户手中的手续原本较多，互联网和物联网可以大大减少中间环节，获得分配的优势。需要让商业的价值链被构建成功才能获取更高的商业价值。

在腾讯，跨界是常见的手段，思考的问题也整合了多数不同行业之内的人才意见。为了获取更高的利益需要打破原本市场划分的形式，让自身的企业进入对蛋糕瓜分中，才能够创造新的思维，成为做蛋糕的人。传统行业需要进行互联网整形，这就是看上了互联网的优越性可以将不同行业进行整合，极大提高原行业的产品内涵。

单纯地依靠垄断等方法获取行业内既定的利益或者效益是难以持续性发展的。新时代的可持续发展之所以能够成立，就是在发展之中可以产生多种新的市场份额，这些都是可以经由数据发掘，经由企业和用户双方协定的利润瓜分。

在传统的行业模式之内发展是难以持久的。想要促进行业的发展需要有高远的眼界和充分的市场调查。而借助跨界，经由数据挖掘，和用户探讨产品或者服务的针对内容都有着一定的规范，可以说行业之内的份额几乎是既定的，但是跨界产生的市场是不可预知的，机会都在于行业之外。

也就是说，跨界的契机来源于跨界者对于两个不同行业交融之后可能诞生的市场的认知。一旦认知出现偏差，在跨界之后所做出来的产品就会失败，大量的时间成本、经济成本就会被浪费，甚至会直接导致企业的倒闭。

而成功找到融合契机，新产品的市场会带来巨大的经济效益，这也是跨界成为当下潮流的重要因素。

第三节　小米：从“性价比”手机到“米家”生态链

（一）跨界合理化，产品更优势

小米，一个广为人知的互联网企业在雷军的带领下迅速崛起，为我们带来了极具性价比的产品。伴随着生态链的布局，雷军又提出了“新国货”概念，带来了众多优质的生态产品。如果说小米将性价比发挥到了极致，那么其生态链——石头科技则将产品发挥到了极致，其旗下的两款扫地机器人获得 100% 的好评率，是迄今为止小米生态链中唯一获得 100% 好评的产品。石头科技是小米生态链公司的一员，米家扫地机器人便出自它之手。石头科技第一款扫地机器人上市后，获得了一致的好评。随后发布了二代产品，在品质上更是上了一个台阶，不但获 100% 的好评，甚至一度出现缺货，可见其受欢迎的程度。

石头科技线上发布的产品拿下好评双百的成绩，这是因为米家扫地机器人从产品方面来说属于激光规划式扫地机器人，机身内置了多个传感器，能够适应各种家庭环境；搭配自研的 SLAM 算法，清扫过程中机器人可以自动越障和进行路线规划；其拥有的大吸力风机，为清洁干净发挥了重要作用；其内置 5200mAh 的大电池，可以持续使用 2.5 小时，并支持断电续扫，即中途没电，在充满后也会接着扫，非常智能。此外，还可以连接手机 App 查看清扫状况，设置清扫任务。

（二）智能商业模式形成“米家”生态链

“米家”生态链扶持新的企业时，会要求创始人让渡一定比例的股权，小米则通过提供技术、平台、资金、供应商等帮助企业快速发展，这样小米也相应地成为一家科技战略投资公司。举个例子，小米众筹项目每个单品都有 3000 以上销量，一些可以接入“米家”的产品销量甚至会过万，这大概就有 100 万—1000 万元的销售额。有了第一批用户体验样本后可以改进产品，预测需求量并设定生产计划，使生态链企业的成长速度及成功率得到提升。“米家”的众筹其实还有个套利空间，每次爆款都会供不应求，淘宝上需要加价 30% 左右才能买到，直到正式发售才会恢复正常价格。小米的某一单品不一定是最好的，但整体素质一定是较为优秀且价格便宜的。未来如果 eSIM 使用成本降低，每个硬件都可以通过 eSIM 卡连接网络，那智能硬件的需求量将会呈几何倍数的增长。“米家”的东西虽然都很便宜，但看过几家生态链供应商价目表后发现，其利润竟然出奇的高……小米很聪明地把传统的硬件与通信模块通过简单的设计，制造出物美价廉且智能化的硬件，比西门子、松下、索尼等公司的产品价格更便宜，功能更多，颜值也很不错，从而具有很强的竞争力。小米就是投资物联网最好的标的，也是将工业 4.0、中国智造落实最好的企业。小米通过不断的“跨界”，已经使“米家”生态链完全具备智能商业模式。

第四节　方所书店：“不起眼”的跨界

（一）书 + 生活 = 文化

方所书店也是跨界的典范企业。书店在传统的认知中是书籍买卖的场所，而现在，书店不仅仅有阅读的空间，咖啡、生活用品、服装等非买卖书籍也是新时代的发展需求。由于互联网的盛行，电子书的发展，可以说书店的内容被极大地扩充，诗人所说的“诗和远方”，也可以在书店中被体验到。电子书让人们可以足不出户即可阅读天下的藏书，而书店可以让人更好地阅读、更好地生活。这些传统的人文买卖场所都更加贴合人文发展提倡的享受生活的要求，也就是设计和艺术与用户需求结合，从而打破传统观念，实现跨界经营。

书店的策划不是一拍脑门就能做到的，而是需要经由不断的调查。台湾地区有着大量而充分的调查让书店的经营理念被开发，策划者通过跨界方式来打通联系，书店可以做到充分地延展，更加强调消费者的体验，也就是说书店最重要的不再是让人们购买书籍而是提供阅读书籍的场所。这种策划需要多年的经验积累才能完成。

书店为消费者所提供的也不是传统的读书环境，而是更加惬意更加符合消费者的需求，是一种截然不同的阅读文化。

（二）让书店不仅仅是书店

现代信息社会中，网络的发展让实体店不断受到挑战。书店就是其中一类。大多数原本的从业者认为书店的业态是有区别的，但是最近新兴的跨界书店经营模式让很多消费者大开眼界，同时各大商场购物中心也开了多家跨界经营模式的书店。消费者进入内部后会发现书店和咖啡店几乎融为一体，但是也保留着转型的痕迹，咖啡店的设施更偏向幽静和光明，没有多少藏书，咖啡设备齐全；书店中更多是分割区域作为休闲场所，保留了大量书架，内部有大量藏书。这些书店往往是书吧的中转形态，重视现代化娱乐书籍以及咖啡等提升体验空间，营造出消费者优越的读书体验。同时书店也有很多休息和餐饮的区域，随着品牌增多，书店的差异化经营特色也被体现出来。书店通过这些不同模式，延展了不同的特性，也带来了截然不同的收益。

第五节　跨界，需要胆大心细

（一）别人不愿做的正是跨界入口

跨界虽然有很多的经营好处，但不是所有人都争先恐后地想进入。很多时候也并非所有先行者都能够成功。美国的经济学家就说过，一旦有成功的先行者，身后就会有几倍的模仿追随者，大部分先行者可以从中获取到巨额的利润，同时大部分人不愿意做，会让一部分人不断靠近成功。

马云并非一开始就创立了具备先进金融理念的企业，而是做过很多兼职小零工，贩卖过商品，他认为经由事情积少成多才能够开创未来不可能完成的业绩。

马云在互联网发展的浪潮中把握住了机会，创立了网上购物平台，不断扩展商家，不断发展用户，也不断通过推广、福利等方式吸引卖家和买家，由此构建了平台的庞大用户基数。

以往的商业模式之中行业往往选择自身擅长的方面，不敢去试错，也不敢创新，因为没有明确的用户承认，难以确定实际的市场份额。不过在互联网大数据的帮助下，这些都可以经由数据挖掘出来，这也就为创新指明了道路。

新时代的商业模式不仅有着诸多的优越性，更是对于传统行业的一次考验。以往的从业者所面对的都是熟悉的环境，现下他们所面对的是熟悉的业务、不同场景的运用，也就是跨界的起始。他们一定要更改原有的业务才有可能找到下一步的发展机会。在融汇中国古代智慧的兵法中就有记载，在经历大战之前一定要了解清楚情况，审视自身和对手，这在商业之中也是十分必要的。第一就是要了解自身的能耐，不要妄图超越自己的资源和能力来达到立刻营利的目的；第二就是审视市场，了解用户的真实需求，对于眼下的局势有大局观，不断进步。商场如战场，一定要先了解环境，了解市场的动向，把握住可以利用的事物，再了解自身的能力，把握住前进的机会，然后掌握同行的动向，不让自己落后于人。在西方哲学家的认知中，一个人一定要先了解自己，发现自己的优点，才能够找回自我，发展出一段段优秀的创业历程。认识自身的能力并不难，难的是如何在自己能力范围之内去做到创新。

哲学家所说的了解自己、了解他人，都是认知世界的一种方式。商业之中不了解对手，不了解同行的动向，很快就会被市场所淘汰，被用户所抛弃。唯有利用行业的信息，找到利益点，发挥出优势才能成功融资。

（二）跨界的成功保障是品牌

品牌效应有两个层面的内容，分别是使用价值和品牌价值。价值的保障存在于购买的环节之上，购买者只有买着放心才能够迅速作出决定。使用之时也要注重价值的运用，很多时候用户选择某一产品或者某种服务，都是看中了在使用过程中可以带来的价值和价值取向。有一种价值叫作彰显价值，就是让别人去了解自己，这种价值会给予人信心，获得信任感，这就是品牌效应的内核。用户信任某一品牌，才会不断地购买使用。

很多的用户对于品牌来说都是流动性的，而品牌对于用户来说是固定的。一个好的品牌如同中流砥柱，不断吸引价值，而用户也会认知到品牌的好处，从而不断增加对应品牌的价值。经济学者说，品牌效应对于企业的经济价值提升极大，让消费者信任生产者，就能极大降低推广的费用，促进成本管理。

品牌主要的作用就是降低了推广的成本，用户会自发地了解某一品牌的创新产品。很多时候用户也会向自己的朋友推荐某一品牌，这也是社群经济的重点收益。

（三）在最成功的时候主动跨界

跨界并不是简简单单的事情，需要一定的信息来满足对应的结果。企业并非一开始就可以完成跨界，跨界是必要的，也是商业的创新。在现下，一个企业需要通过创新来保持核心竞争力，保持活力，而跨界就是降低创新成本，完成创新的关键方法。跨界能否取得突破性的进展由两个方面的因素决定。

第一个因素就是能否突破传统思维的局限达到崭新的境界。比如人工智能，在过去的几十年，科学家试图用智能来模仿人类，直到 20 世纪末，以人类工作为主体，人工智能取得了突破性的进展。

人工智能不仅仅是要模仿人的智能，还要用智能的方式来完成任务。人局限于自己的身体和思维，人工智能虽然是人类所创造的，但是突破了身体的限制，机械臂的运转就区别于人手的使用，从而可以代替人类完成大部分使用手臂的工作，并且更有效率。智能化的问题来源于人类的需求，也来源于数据的支撑，大数据让人工智能在处理问题上取得了突破性的进展，人类在娱乐等方面所能做到的数据都不如智能利用得快。

第二个因素就是突破的跨界来源于多领域技术的融合。跨界不是简简单单的跨界，而是融合多领域的方法。特斯拉汽车的创始人是一位工程师，也是汽车爱好者，他自身需求环保的车辆，于是他研发了电动汽车。环保汽车相比于传统汽车的优越之处就在于其环保性，正好迎合了时代的主题。传统的汽车虽然有电动的部分，但是并不启用主动能源的引导，而特斯拉全电动汽车的发展，让新时代新能源汽车成为可能。可以说这一发展正是跨界的典范。

在科学界中也不乏跨界的成果。焦耳原本并非科学家，而是酿酒商人，但是他有需求，所以他下了关于热的一系列定义。很多物理学家都没有做成的事情，一个商人做成了，这就是跨界的典型。牛顿也是跨界的佼佼者，虽然他是物理学家，但是很多时候他都担任神父的工作。他的大量科学发明都来源于不经意间的创新，来源于需求，因为有需求所以去创造。这些成果都说明通过跨界可以完成前所未有的发明，但是并非所有人都可以跨界成功的。也有很多的例子表明了，跨界也是有风险的。一些领域本身就适合跨界，比如互联网，这是由于信息资源是新兴资源，利用价值大而且成本低。

想要做好跨界就需要满足一定的条件。

第一个条件就是跨界之前本身在行业之内就有一定的成果。如果没有成果和资金的支撑，跨界就是妄想；没有经验，是无法实现跨界的。很多的跨界例子都不是为了跨界而跨界，而是由于产生了需求，为了满足需求不能单单运用某一行业或者领域的知识或者能量，只能从其他行业里找寻，所以出现了跨界。主动跨界有一些例子，但是更多的情况是被动的，是无意识的。马云在创造阿里巴巴的时候，也没有预想过中国第一、世界第一的未来，而是为了满足自己和市场的需求。谷歌公司在招人的时候会询问求职者真正的求职目的是什么，考验的大多数内容都不是成绩和学识，而是创新能力，也就是想法。没有学识尚可学习补充，没有想法如何也做不到顶尖。

第二个条件就是需要专业的知识和能力。牛顿等人本身就具备一定的能力，才能够做好学术和跨界，但是一些人在想要跨界的领域中没有足够的学识支撑，这要如何去做呢？这需要自身的历练和对于实践科学的利用。

第三个条件就是跨界者需要天赋。这个天赋不只是学习的能力，而是利用身边事物，形成创造性思维的能力。学识都是可以补充的，甚至于可以现学现卖，但是创造性思维是可贵的，对于身边事物的认识是不同的，一些没有天赋的人常常会否定创新概念的发生，只愿意固守原本的思路，可以说只有创新才能够算是跨界的天赋。

第四个条件就是对于规则规律的洞察力。创新的书店经营模式，如果没有洞察到用户的需求和消费需求就会打断创新的发展。即便有大数据的算法支撑，没有洞察到有效的部分也是没有价值的。一个跨界的优秀方式必须具备对新的模式、新的需求的洞察力。

第六节　华为：聚焦客户需求，引领技术发展

（一）跨界，让发展不单一

华为的跨界生涯可谓丰富，从传统的通信设备商到消费电子产品，相信大家对华为和徕卡的合作并不陌生。其实，从大家熟知的徕卡到保时捷设计，华为一直以开放的姿态与行业顶级机构合作。在摄影爱好者心目中，徕卡是一个高山仰止的传奇。华为 P9/P9 Plus 第一次采用徕卡 SUMMARIT 系列镜头，奠定了华为手机拍摄照片“徕卡味儿”的基础；HUAWEI Mate9 则对手机相机进行了持续的调试和优化；随后，华为首个前置徕卡镜头、配备 f/1.9 大光圈的华为 P10/P10 Plus 面世；之后，我们还迎来了双 f/1.6 大光圈的华为 Mate 10 系列。

华为和徕卡有着强大的合作基础，可以说使用徕卡的镜头才让华为手机在拍摄上领先于别的手机，也使手机摄影成为可能，捕捉情感、描述情感可以经由手机摄像来完成，从而达到了新的高度。华为一直致力于让每一个功能达到极致，这种需求是需要有多家企业配合完成的。

全球都在寻求通过跨界的方式以获取更多的利益。计算机视觉是许多公司近几年的研究热点，不论是谷歌公司还是潘通

公司，色彩标准是处理图像时的重点观测需求，可以说跨界合作的方式不仅仅让手机的等级上升，同时带来了更大的市场。

潘通和华为的联合，让手机的色彩更为出众，让华为的美学概念上升了许多，也提升了华为在美学上的洞察力。可以说正是手机色彩标准的上升，才让企业的利润空间变大。再比如曲面玻璃机身，对于艺术理念的诠释让手机的活力再次被延伸。

华为的美学工程经历了大量的扩展，诸多的美学设计行业将美学理念和科技进行融合，让手机市场有了进军艺术品市场的底气。可以说将来有一天手机不仅仅是在高端市场中作为艺术品出现，在基层消费市场中手机和艺术品的概念也将联系更为紧密。

华为经由跨界推进手机的消费。特别在消费者人群之中，华为重视网络的功能，开发出更为优越的 5G 通信技术，让手机的前景一片光明。

（二）5G：用技术打开世界市场

我国正大规模开展 5G 研究和应用。2020 年底，5G 市场就可以战略占领千亿元的市场份额，带来大批的就业岗位。自开展 5G 研究以来，中国的基站规模就极为庞大，这带动了 5G 技术的上层发展，预计在未来 10 年之内将会产出 4 万亿元的价值，可以说手机行业也会被极大地带动，手机正式成为生活必备品的时代也已经到来。

华为不仅仅是生产手机的厂商，也是未来通信设备基础建设的生产供应商。依靠第四代网络通信技术华为公司在全球揽获千亿元的活。第五代网络通信技术的出现又将给世界市场带来巨大的变动。可以说在技术的支持下会延展出千万亿元的市场份额。

（三）产品遍布全球：成为世界第一的通信设备商

华为的产业链在全球各地越发常见，这主要是由于华为在致力于开拓海外市场，除获得更大的市场空间外，还不断提升自身技术水平。随着科技的发展，华为的多项专利具有相关领域的领先水平。单就手机行业而言，从处理器到软件服务都是独家开创，网络以 5G 技术作为卖点，在全球手机市场华为成绩斐然。随着业务的扩展，以发展速度而论华为可谓世界第一的通信设备商。

第四章

免费模式：互联网企业发展的必然趋势

互联网公司在巨大变革前必须变革原有的商业模式，免费模式就在这种环境下应运而生。通过对原因和价值来源的分析和界定，使得我们更方便地理解免费模式这种新型的商业模式在信息化时代是如何发挥作用的。我国正处于工业化向信息化变革的时代。互联网公司要面对这种变革，了解互联网在新环境下的运作特点、研究互联网商业运作的最新发展方向尤为重要，这对如何根据互联网行业的特点，制定公司相应的发展策略有着深远的影响。

第一节　从量变到质变

（一）用户的累积

百度导航的免费让大量用户开始使用百度地图和百度导航。百度这么做并不在于放弃收费的利润，而在于免费之后营造的利润空间。利润空间和利润是不同的，用户在使用免费服务的时候虽然不收费，企业没有了一部分收入，但是有着更多的额外收入让企业获利，用户的积累就是极为明显的利益。

免费模式不仅存在服务商，也存在供应商的服务之中。在之前举办的 GMGDC 大会上，游戏团队获取了多项引擎的使用权，可以经由免费的使用来获取到友好的关系，由此在积累足够的用户基数之后就可以完成新商业模式的转化。相比于一般行业的免费服务和产品，游戏行业的免费具有有效收益空间，一来维护费用相比内购项的收益来说是微小的，二来可以不断地借由旗下游戏产品和服务来形成品牌效应。

收费转为免费是最近流行的趋势，这种趋势真真正正被建立起来是由于行业之内大量的同行都将收费转为免费模式，可以说免费并非免费，而是收取游戏的内购项，单机游戏也可以收取扩展的费用。公司的业务经由免费被推广出去，移动游戏的内购项是游戏真正专区收益的地方。

同行业之间看到了免费的趋势也会争相模仿。但是如果没有计算好成本收益内购项营销的话，就会被时代淘汰，被市场放弃。游戏行业往往有着固定的开发成本，十分依靠营销手段，团队体验过公司的数据能力之后会被吸引加入公司。腾讯就是通过建立小工作室的辅助措施网罗行业内的优秀人才的，它的最终目的只有一个，通过这个吸引人们眼球的模式完成用户的积累。

（二）用户推动企业发展

由于互联网的发展，云的概念是网络技术领域最为常见的话题。2012 年随着企业云技术的不断深入，整合了优势之后个人云技术服务业获取了极大的市场，可以说用户潜力是无比巨大的。2013 年大范围普及云服务覆盖范围，个人云储存方案随着市场规模的扩大而融入用户生活之中。先进的云技术让共享得到了实现，同时安全服务的需求提高了，用户不仅仅需要方便的云服务，还要保证信息安全。腾讯、百度云等，都是云技术服务的中心，具备先进的技术能力。

比如播思企业的个人云方案就是新兴的技术方案。对于储存于云端的文件进行操作、同步共享等是基础的服务，让用户在工作和日常生活中获得了极大的便利，同时管理员可以经由播思的云技术塑造出高效稳定的储存，对于各种自然灾害和人为破坏都有应对方案。播思的技术让管理员可以建立好稳定有效的管理体系，运营的成本被极大降低，同时企业可以经由云服务技术建立属于自身的服务端口，可以说不同系统之间、不同操作之间可以经由云计算的算法来实现交互。

经由免费的服务模式可以获取到基数很大的用户，得到足够多的用户数据，通过巨量的数据分析得到用户的基础需求，结合用户的需求来针对性地更改企业产品和服务，让产品的特性被完善。因此，重视用户体验、重视用户的创新才是企业的发展源泉。

（三）互联网企业免费化

互联网时代，市场竞争最主要的特征在于共享。做好共享就能够开发更多的市场份额，所赢得的利润不仅仅来源于用户，还来源于提供服务的商户。如今信息是过剩的，数据的价值没有被充分开发出来，消费者无法接受海量的广告信息。在这种情况下，消费者就会分散其购买力，产品不会被持续地关注。经由免费模式就相当于对于某一产品的持续性曝光，让产品的注意力被挖掘。

所以，互联网时代的市场依赖共享的发展，这是基于互联网万物互联的概念，可以说信息量是庞大的，而如何从海量的数据之中发掘出有价值的部分，是新时代的命题；让消费者的注意力如何集中在产品和服务商上，是企业面临的困境；如何从大量的信息推广、广告信息之中脱颖而出，就是企业的未来发展方向。企业的经营者和用户所要做的都是表达需求、完成需求，免费的手段不仅仅受到大众喜爱，对于推广企业产品也是极为有利的。

比如金山毒霸和360安全卫士，起初都是免费使用的，后来才需要付费使用。但是360的免费项更多，于是抢占了大量金山毒霸的市场。免费试用的模式是抢占市场最好的办法，大众更能够接受免费的概念，对于付费的、私人定制的往往都是抵制的。在传统的企业观念中对应的费用才能换取对应的服务，但是在现在的概念中免费所带来的市场前景和利润空间远比付费来得多。永久性的免费制度会吸引大量的用户，如果没有同行竞争，很快就会成为行业龙头。

互联网时代，免费模式的产生让用户基数不断上升，是极为有效的积累用户办法。这种模式不仅仅在过去，在未来也会产生丰厚的利润和市场份额。

第二节　免费模式：梅特卡夫法则的终极运用

（一）用免费改变“注意力稀缺”

在经济学中，网络的外部性是存在丰厚的利润空间的。当用户的数量上升，用户的价值随着网络的发展也会上升，价值会正比于网络之中的人数。这种效应极为明显地体现在网络之中。近代网络经济性研究中，在对于基础建设的使用调查上，发现 UI 设计的发展空间很大，交互方法是最被需要的，用户需要通过配套硬件来驱动软件。消费者对于某一品牌的产品有很强的需求性，产品在行业之内就容易形成垄断。中国移动、联通、电信三大移动网络服务商，对于收费的方式不同，但都依据一定的市场份额来确定，对于自身利润扩大的方式，都是给予额外的服务，比如无限流量某一产品的连带套餐方案，这种方案可以联动对应产品形成共享性的友好服务关系。

（二）免费是手段，不是目的

杀毒软件有着较高的研发成本，如果杀毒软件并没有达到很高的品质，但是达到了足够的效果，通过这种免费的模式，展现出互联网共享思维，不仅可以获取到大量的用户，还得到了极高的认可，这样做所延展出的价值链条带来的利润空间是不可估量的。

额外的利润经由价值空间获取，如何占领市场份额，如何比同行做得更好，免费服务就是最好的价格战。这种方法是放弃了短期的利润，而放眼于未来，利用延展出来的利润空间获利，由此金山毒霸在市场份额被抢占之后，没过多久就放弃了付费的基础思路，改为提供免费的杀毒服务和更多的 VIP 付费服务。这种模式的改变无疑是对免费模式的低头，即便原先处于行业龙头的地位，在互联网思维的席卷下也会被新企业占据原有的市场份额。

（三）免费无法阻止，那就去顺应

互联网的效果不仅仅是共性的，还是震撼的，大量的数据被用户所使用，数据库的构建是其中关键的一环。大量的数据被录入到数据库之中，用户通过索引可以获取自己想要的信息，同时互联网的产品开发时间和成本都是可以被控制的，互联网传递给用户的不仅仅是价值，还有很多的附带服务，比如百度的搜索引擎，所搜索的不仅仅是大量的模糊信息，还有广告信息，用户在点击首页搜索的时候就会发觉很多单独的广告信息，以此百度获得了极高的利润。也就是说，互联网企业只要有足够的用户基数就可以得到庞大的利润空间。而由于互联网的共享性质，大部分的用户被划分为社群，很多产品和服务的开发都是针对社群的，由此新兴企业新产品本身就可以直接从互联网中网罗到足够的用户基数。网络的营销成本因此被降低。

营销的最好手段就是免费服务。世界上没有完全免费的服务，有的都是营销。市场、超市中也常见类似于免费的服务模式。运用这种模式的目的不仅仅是推广也是口碑的形成。中国的广告已经脱离了原始的硬度较高的广告时代，取而代之的是不断上升的、不断强化的软文广告。强大的是品牌，专利和技术是企业的核心，品牌就是企业的门脸。

第三节　互联网时代为何能不要产品利润

（一）企业不盈利，是不道德吗

企业需要盈利才能够维持产品和服务。用户如果喜欢甚至于忠诚于企业的产品或者服务，就需要让企业盈利，如此才能够维持企业产品的活力。比如暴雪，很多的游戏虽然品质上佳，可玩性极高，但是一旦产生了亏损事项，部分公益类企业就会拖延全民小康的进程。

（二）企业实现盈利和完成社会责任是一体两面

企业的核心目的是盈利，同时社会赋予企业的责任是促进国民经济增长。所谓不盈利的企业和道德问题说的是企业道德。盈利是关键，但更道德的是：企业的产品和服务不仅要合乎法规，还要满足用户对质量的要求。对于创业者来说，盈利是努力做到的要素；而对于企业来说，社会的责任同样重要。

很多企业家都在强调企业盈利可以为社会带来什么，实际上，企业合乎法规，促进经济发展就是其最大的道德。企业的道德不在于盈利，而在于为社会带来了什么。作为一名企业家，一定要了解企业首先应履行职责才能够保证企业的正常发展；一定要了解到能够经营好一家企业所靠的不仅仅是企业旗下的产品，还有服务。

如果企业无法做到盈利那么不出几年就会倒闭，它承担的社会责任也不可能顺利完成。国内的言论大多集中在道德上，而道德往往会约束有盈利能力的企业；然而，没有盈利能力的企业是一定会倒闭的。企业必须在生存、发展和道德方面达到平衡。

（三）免费模式不是全部免费、永远免费

在马云的经营理念中，他要将免费模式彻底贯彻落实。免费并不是不会盈利的，可以说免费是吸引用户的特别模式。最近的行业调查显示，免费模式是通过额外的附带盈利而从中获利的，每一个免费模式背后都有着不同的收益方式。

实际上，免费模式都有附加的收益，这就是后端消费。比如盗版小说，并非所有的用户都是在免费使用。很多盗版小说网站通过多页翻阅浏览的方式迫使用户消耗流量。由于用户是有需求的，所以网站赚取了大量的广告费用。盈利是需要商业模式支持的，同时免费模式也是需要一定的行为模式支撑的，只有成交之后才能了解到自身真正需求的是什么。

可以说免费模式的到来让用户可以直接获取到大量的信息，

但是真正需求的信息是需要通过付费形式来得到的，比如陌陌等交友软件，都是需要开通 VIP 才能够完成快速交友的目的。

不过，免费并不仅仅是一种商业模式，它更加贴合商业的策略。企业是需要盈利的，用户在浏览百度的时候，在部分场合下也是一种资源，所以百度这样的搜索引擎依靠用户提取的资源来让企业获利。这也就是说在我们使用百度进行搜索的时候，并不是免费使用的，其实我们自身就成了百度的一项资源，为百度盈利。

（四）免费模式的两大原则

免费模式的盈利手段需要遵守一定的原则。

原则一：对于时间，对于参与群体，对于产品供应要有所限制，限制会让产品的稀有度提升。比如知名的集换式卡牌游戏，是通过某张卡牌难以获取而提升某张卡牌的价值，从而获利。实际每张卡牌的成本相差无多。游戏王同样是集换式，同样的卡包出货率，但是由于商业模式的不同所以价值不同。

原则二：额外消费也是免费模式的一大盈利手段。随着卖方市场转化为买方市场，两个同类的商家位于相近的位置，消费者所要选择的地点永远是能够满足自身需求的。如果用户的首选地环境是恶劣的，用户就会放弃；如果首选地在某方面可以满足用户需求，那么就是可以的。在免费获得了产品服务内容后，显示出可购买的额外消费内容，大多数人在体验到良好的免费服务后，本能地认为额外消费的内容会带来更好的体验，这实际上就拥有了促销的盈利手段。

（五）四种免费模式

商业模式多种多样，但是很多的模式中都有着免费模式的概念。这是由于免费模式可以吸引大量的用户，塑造出用户群体。这也是由于免费模式所取得成果导致现在的免费模式盛行。免费模式可以分为四个种类，这些种类直接指出未来的发展方向。

第一种是补贴的方式。这是最为常见的方式，提供一些免费的商品。这种商品会有连带的产品和服务，但是连带的产品和服务是付费的或者需要提供一定的交换，这种模式从宣传开始就会启用。比如剃须刀等商品，为了卖出商品会提供免费试用；比如在贩卖商品的时候免费商品会捆绑其他商品一同出售。

第二种是利用多种交易参与的商业模式，也就是平台式模式。企业为客户提供一定的服务，在日常生活或微博等都会提供免费的信息，但是这种信息将会诱导消费。这也是推广模式，通过免费的商品或者服务对用户进行推广，节约广告成本。

第三种是免费的内容中有可以收费的解锁项。在大部分游戏中都有这种模式的影子。游戏本身内容或者全部免费或者部分免费，需要通过付费的方式来获得更多更好的用户体验，实际上这种模式的形成一定要在于产品本身会让用户产生依赖性，没有依赖再多的收费项都没用，所以一定要有品质保证这种模式才可能成立并获取利润。

第四种是非货币市场。为别人提供一定的产品，并不仅仅是为了获取利润，更是为了资源的交换，比如企业的信誉，比如更多的信息。面对更大的用户群，这种模式可营造出未来收益的背景。

可以说这四种免费模式是针对当代社会商业模式的总结。随着社会的发展和时代的进步势必有新的免费模式取代以往的免费模式，比如通过一定的产品服务来获取数据，进行数据挖掘；比如知识的交换。这些都是通过免费模式可以获取的。很多的搜索引擎其实就是利用庞大的数据库提供免费的服务获取到更为庞大的用户群体来以此盈利。在未来，数据的价值越来越被看重，势必有更多的知识会被分享，搜索引擎的潜在价值将会上升。

总体来说免费模式都很有特点，区别在于现实的获取收益，这个收益不是短期的收益，而是未来的、长远的发展。

（六）免费模式经典案例分析——以道心素食为例

道心素食是陈峰导师发起、胡禹成老师参与投资经营的一家餐饮企业。

道心素食是以低价位进入市场，以免费吸引顾客、提升市场占有率为手段。道心素食每天早上提供免费馒头、免费米粥，每逢重要节日免费提供精美素食，单店平均客流每天近 1000 人，之后陆续开了第二家店、第三家店，依然门庭若市，客流蜂拥。同时开业的高端素食素宴堂餐饮公司，主要经营婚礼素食、会议素食，开业后仍然客流不断。生意如此火爆，很多人会觉得其利润回报一定非常高，其实让许多人意想不到的是，盈利几乎是零。

做生意，是需要赚钱的，那么道心素食的盈利点在哪儿？它的盈利模式到底是什么呢？首先，素食是一种文化，是在大的饮食文化下固有而特殊的传统饮食文化。道心素食正是首先抓住了文化这个点，它把传统思想文化与传统饮食文化结合起来，比如儒家的“仁”“恕”，道家的“道”“与自然的和谐相处”，佛家的“善”“因果轮回”，儒释道三家的思想文化精髓融合到“素食”这个小文化里，从而拓展出对健康养生文化、放生文化等文化学习与认知改善等的弘扬。把传统文化与商业经营有机而合理地结合起来，是胡禹成老师商业思维重要而开创性的智慧思考，有着深厚文化底蕴又有着普适性。但是，即使做到了商业与文化的结合，我们还是没有看到道心素食到底怎么赚到钱的。

现在是流量为王的时代，流量就是财富。利用大流量开展客户开发与客户锁定，是道心素食免费模式的核心所在。餐饮虽然是微利甚至零利行业，但道心素食成立了能量商学院，所有的学员均来自道心素食的用餐会员。针对学员推出健康养生课程、创业合伙课堂。课程盈利才是道心素食免费商业模式的核心。

没有模式不开公司。道心素食的成功同样是模式的成功。如果说商业思维里恒爱 OTC 联合体的模式是传统而优秀的赚钱模式，那道心素食的免费模式就是优化了传统模式而更加注重商业逻辑的“赔钱模式”或“分钱模式”。把能看得见的钱当时就还给客户，而把钱赚在客户的深度需求上。这是商业模式革新应用的一个典范，设计感十足，却不突兀，赚钱的同时满足了客户的基本与深度需求。

道心素食的商业模式体现大产品线设计的理念，看似不相干的两个系统无缝衔接。而它能做到这一点，功不可没也是最突出的特点就是设计。道心素食的设计精髓在于，如何解决流量成为财富的问题：先想办法获得量，再由量获得利。好的模式必然是逻辑的系统。胡禹成老师道心素食的免费模式就是智慧的，是思维与文化的完美融合。

第四节　拼多多：用“低价拼团”打入消费升级时代

（一）新零售：做到全网最低价

拼多多的低价拼团源于低价货源和物流，同线发货，节约了物流成本，在折扣的背后是每一件商品都会吸引一个新的用户，用户带来的广告收益，可以将折扣之后的利润填补回来。

拼多多的线上和线下是完全不同的平台，两个不同平台不仅仅带来了巨大的利润并且降低了运营成本。

线上的平台和商家的很多支出都是为了维持平台的运营并且获取流量。很多的购物平台比如京东、天猫都有着巨额的流量。流量越大就越可能获得对应的利润，销售的额度就会被扩充。

在拼多多的平台上，商家的成本被平台承担，所以即便是真货也会折扣力度很大，这是由于拼多多通过大量的分享活动获取用户，从而不断得到对应利润，也使单个用户的需求被满足。拼多多就是通过爆发式消费来获取到更多订单，从而形成规模的。比如一元购，其所带来的用户流量远远高于产品本身的市场价值，可以说拼多多的市场流量仅仅凭借广告费就可以赚取到平台的运营成本。厂商在爆发式订单之后可以大批量地进行产品制作，这同样可以降低制作成本使产品的利润空间扩大。而且，厂商与物流方面有一定的协议，消费者通过部分的平台商家让利再获取一部分利益，这样也就形成了拼多多的“神话”。

（二）“免费砍价 + 低价拼团”形成巨大流量裂变

拼多多的拼团活动就是为了获取更多的用户流量。没有流量的平台是没有活力的。拼多多由于过多的活动被差评如潮，但也是由于真的有免费获取产品的活动，让大量的用户愿意为之传播，让平台流量居高不下。

比如拼团和抽奖，都是凑够了订单、凑够了人数之后，瓜分了流量带来的利润，平台实现对于单个用户的让利。可以说这种模式是先进的，通过部分的让利，利润集中在单个用户身上，从而达到极好的宣传效果。

再比如转转，拼团成团的优惠价格吸引了大量的用户。以手机配件为例，其实成本不多再加之沉积仓库，不卖就会被处理。用户的社群可以直接引流平台，让平台获取到更高的利润，不过有一个限制就是用户虽然可以开团但是限制是新用户，也就在避免了损失同时扩展宣传能力，让拼团的人会安利别人使用转转，达到吸引流量的目的。

用户经由社交关系链可以直接构建社群来一起购物。这一点对于平台来说，可以直接促成大量有针对性的购买，用户根据社交来扩散宣传，平台因此获利。

平台的活力依靠用户，用户的社交链条可以扩展平台的用户群体。在社交封闭的圈子里，品牌有着很强吸引力，朋友的推荐也相比广告来说更容易被接受。不过拼多多暴力的宣传模式在大众群体内产生了显著的效果，达到了短期利益标准，很多有着庞大社交群体的用户就会被吸引进入。

第五章

O2O 模式：电商的下一个方向

O2O,Online To Offline 即线上互联网＋商务的机会。线上，互联网是交易的前台。消费者可以在线上筛选服务，还可以在线结算。线下，消费者可以自主享受服务，即将线下商务的机会与互联网结合在一起，让互联网成为线下交易的前台。这样，线下服务可以用线上来揽客，消费者又可以用线上来筛选服务，在线结算，线上线下很快便能形成规模。O2O 模式最重要的特点是：推广效果可查，每笔交易都可跟踪。

第一节　关注线上线下的双重价值

（一）注重线下与线上的发展融合

根据统计数据，中国电子商务的市场份额逐年增长达到30%以上。电子商务可以让消费者不用再费时费力地去实体店购物，而是可以直接从网上购物，通过视频图片的方法认识商品，通过买家秀和卖家秀来了解产品的实际价值，降低了中介费用。线下的体验相比线上的服务来说是微不足道的，所以书店才会想要去打破传统进行跨界以完善自身的商业模式。很多的识货消费者都是依据自身的喜好来购物的，通过采访发现，大多数消费者都表示线上的购物模式很方便，基本不去实体店购物。对于生鲜类商品来说，大部分年轻人也会选择线上购物的方式。

未来的发展中，实体店不会消失，但是会打破以往的界限，实现区别于传统模式的发展。融合线上和线下是未来商业发展的主体。如书店从原本阅读的场所变为更优秀、更活跃的体验场所，突破了时空的限制，满足消费者的需求。可以说消费者一定要到线下实体店体验才能够来到实体店消费，这就是线下的作用；线上主要是货物的清理同时可以为线下宣传，让用户从线上走到线下，大大降低了宣传的成本。未来的模式肯定是线上联合线下，致力于让用户享受到一站式的体验。

不论从消费者的实际选择还是政府的政策导向来看，注重线下与线上的发展融合才是未来商业模式的走向。

（二）促进新体验，引领新发展

苏宁是零售的领军企业。苏宁开设大量的实体店，很多用户都会去线下实体店体验商品，而真正的购买是在线上。在财报上苏宁的线上收益增长迅猛，同时和线下收益呈现正比模式，可以说苏宁的线上线下一体化，自建平台类家电的模式让其的整体价值又上了一个台阶。

进入新的阶段，苏宁通过良好的运营让自身创新的形式得到了完善，生鲜等额外消费产品也进入苏宁的平台之中，苏宁正式转型为民生类购物平台，经由微信群体和社群获得大量用户，再获取到用户的需求以完善自身的商品。苏宁的成功不仅仅是由于它实现了平台化，同时由于其体制得到了发展。苏宁有崭新的理念，产品供货优越，长时间佣金分配，培训专业化，在此基础上建立起团长为主的管理模式让苏宁得到了极快的发展。

在新时代智能模式下，O2O 的方式让零售企业得到发展，不仅仅融合了线上和线下的方式，同时提升服务品质。苏宁在全国范围内有着庞大的群体，服务范围波及上千万个小区，做到了便民服务。这也意味着苏宁履行了它的社会责任，让民生品质得到了提升，苏宁由此而获利也说明企业的社会责任和盈利本就是一体的。

第二节　O2O 模式探索，路有多远

（一）O2O 的发展路径

O2O 最早指的是 Online to Offline，即把线上顾客带到实体店去消费，让线上网站成为线下交易的前台。该定义实际上把线上作为一种营销手段看待。而目前 O2O 的概念已经脱离了最原始的定义，更多的是把线上当做一种渠道。随着大数据时代的到来，O2O 模式仍定义为“线上—线下”，不过此处的“线上—线下”并不囿于原始定义，也不是仅作为一种渠道看待，而是将其作为一种新的商业模式。

O2O 就是线上和线下相互链接，是随着互联网发展所衍生的一种消费模式概念。列举以往互联网不发达、没有各类便民 App 的年代，没有外卖，不想在家里做饭就只能徒步去饭店；平时不知道什么小吃好吃，什么地方便宜，到什么商场打折，只能通过促销的电视广告和纸质广告来获取信息；不认路需要通过询问和看地图。但是，O2O 的形式可以直接将线下需求和线上服务进行对应，在消费者产生消费需求的时候，通过线上的服务来获取信息，不管是导航、叫外卖还是查询信息，消费者不再是在生活场景中寻找目的地而是链接线上寻找。这就意

味着商家不再需要抢占线下的广告，只需要线上广告传播，就可以精确导航消费者。

（二）O2O 的四种运作模式

模式一：先线上后线下模式。

所谓先线上后线下模式，就是企业先搭建起一个线上平台。江湖科技作为业内知名的 O2O 系统开发商，以这个平台为依托和入口，将线下商业流导入线上进行营销和交易，同时，用户借此又到线下享受相应的服务体验。这个平台是 O2O 运转的基础，具有强大的资源流转化能力和促使其线上线下互动的能力。在现实中，很多本土生活服务性的企业都采用了这种模式。比如腾讯凭借其积累的资源流聚集和转化能力以及经济基础，构建的 O2O 平台生态系统即是如此。

模式二：先线下后线上模式。

所谓先线下后线上模式，就是企业先搭建起线下平台，以这个平台为依托进行线下营销，让用户享受相应的服务体验，同时将线下商业流导入线上平台，在线上进行交易，由此促使线上线下互动并形成闭环。在这种 O2O 模式中，企业需要自建两个平台，即线下实体平台和线上互联网平台。B2B 电子商务的基本结构是：先开实体店铺，后自建网上商城，再实现线下实体店与线上网络商城同步运行。在现实中，采用这种O2O模式的实体化企业居多，苏宁云商所构建的O2O平台生态系统即是如此。

模式三：先线上后线下再线上模式。

所谓先线上后线下再线上模式，就是先搭建起线上平台进行营销，再将线上商业流导入线下让用户享受服务体验，然后再让用户到线上进行交易或消费体验。在现实中，很多团购、B2B电商等企业都采用这种O2O模式，比如京东商城。

模式四：先线下后线上再线下模式。

所谓先线下后线上再线下模式，就是先搭建起线下平台进行营销，再将线下商业流导入或借力全国布局的第三方网上平台进行线上交易，然后让用户到线下享受消费体验。在这种O2O模式中，所选择的第三方平台一般是现成的、颇具影响面的社会化平台，比如微信、微淘、大众点评网等，且可同时借用多个第三方平台，这样就可以借力第三方平台进行引流，从而实现自己的商业目标。在现实中，餐饮、美容、娱乐等本地生活服务类O2O企业采用这种模式的居多，棒约翰就采取这种模式。江湖科技在O2O系统开发过程中，也是采用了这种模式。

随着移动终端的不断发展和普及，O2O的发展方向将越来越清晰。相信每一个正在努力进行 O2O 创业的人，都拥有属于自己的互联网梦。而江湖科技凭借自身雄厚的技术实力和多年沉浸互联网的经验，可以帮助你搭建一个能够承载你的互联网创业梦的舞台。用技术的力量驱动商业模式的创新，积极推动一批中国当代企业家去尽情拥抱互联网。

（三）O2O 模式，瓶颈在哪

从 2014 年起，O2O 模式就面临瓶颈。利润的减退让这种模式难以维持。于是从业者着力建设好线下服务，经由便民服务提高对接模式的生存环境，可以说随着门店数量的增加将便民服务的热度推向了高潮，也借此打破了瓶颈。

O2O 面临的新瓶颈主要表现在四个层面。

第一个层面是由于线上的流量成本过高，难以获取到大量的用户群体，经由免费模式获取的用户在没有活动的时候缺乏向心力。

第二个层面在于服务上，没有第三方服务，在合作品质上难以保证，平台便是弱势。不过在形成消费闭环的逻辑建设之后平台的大部分成本都将由用户的基础承担，也就可以打破瓶颈。

第三个层面是用户有过多选择。社区平台将用户通过门店的方式集中，而各大垂直电商的便利度并不如门店来得方便。

第四个层面就是门店的服务范围。门店的服务范围是周遭10公里以内的小区，实际上门店的常有顾客只有对应小区之内的用户，很多的用户都会被对应小区门店所分流，达不到最高利润的获取。

第三节　阿里巴巴与腾讯的 O2O 布局之争

（一）阿里巴巴的 O2O 模式

在 2013 年阿里巴巴创造了 O2O 模式对应的事业群体，可以说其战略构想是对应四海、对应人数的构想，是全方位、全范围的覆盖。在阿里巴巴的生活节就有五千多个品牌的商户入住到战略之内，涵盖了大规模的公司企业，让二维码计划得到了全范围的推行。

所谓二维码计划就是阿里巴巴通过大量的招商将服务面拓展到每家每户，经由数据的打通、环流，让支付手段在其中起便利的作用。线上和线下的融合让全国都可以完成便利的营销。

经由二维码付款的方式来免除排队付款的影响，让对应的产品不仅仅展示在实体店中，在线上也有所展示，甚至在实体店使用之后可以在线上下单。这种商业模式结合了两种商务的特点，积累起充足的资源。而对用户来说则是能够得到便利，从而提高自身的生活质量。

阿里巴巴不停地履行社会赋予它的责任，让便民成为企业的一部分内容，企业也就可以从中获利。大部分企业家都做不到这一点，这是由于他们的眼里只有盈利而忽视了本为一体的社会责任，势必难以实现可持续发展。

阿里巴巴 10 年前的聚划算策略至今还在使用，为广大的用户群体提供了生活所需用品，成功塑造出一站式服务方案，让淘宝的根基被确立起来，不断带动全民的消费热情，引领经济发展。

之后，淘宝的联动策略不断推进，淘宝利用了旗下平台的广大用户基数同时推出新的服务模式，也就奠定了阿里巴巴云服务数据库的基础，成为未来发展战略之一。

支付宝钱包成功地让移动应用的局面明朗起来，让移动商务彻彻底底地服务于大众，这也是阿里巴巴设计战略的重点环节，让支付宝成为交易之中的必需应用，同时让用户的体验达到高潮。

总体来说，阿里巴巴的优点在于线上购物让产业链条得到扩展，也就是可以实现方方面面的便民服务。

（二）腾讯的 O2O 模式

腾讯的 O2O 模式则有着截然不同的逻辑，其核心是旗下的社交工具 QQ 和微信，两类社交工具大体类似，但在细节方面有所不同。QQ 更为杂烩，有着大量的实验性功能拓展，同时保留了很多原本通信的能力；微信主打私密性，同时开放小程序和公众号完成功能和信息传递的拓展。

依据腾讯的财报，用户使用微信国际版和国内版的活跃数量达到了顶峰。围绕核心应用还开发出很多的连带应用，比如微商。使用微信的小程序可以通过小程序获取对应服务，也可以直接下载对应的应用。

对于服装品牌来说，很多的购物都转移到网络上，通过网络购物的方式满足用户需求。

在一次调查中，对全国范围内的服装门店进行微购物应用的推广，3 个月时间内，购物平台的销量就达到了 1000 万，可以说整个季度的财务报表都上涨了不少百分点，因此有很多品牌入驻微购物，实现了腾讯的战略规划。

腾讯科技对于移动端的开发是极为迅速的，同时各大品牌商户中是否签订 App 的专属协议也会导致获取的平台份额不同。

小商小户的力量也是巨大的。微生活等小型移动应用融入微信等应用中，让支付经由微信完成，也就占据了一定的市场份额。

（三）两大公司整体布局之争

O2O 的模式不仅运用于商务的零售业内，在人们的日常生活之中也有着很多的体现，让此类概念直接转化为实际的功能，对于阿里巴巴来说实现这种模式体现在并购的布局中。

腾讯和阿里巴巴争夺市场，体现在支付宝和微信支付的争夺上，细分领域则体现在便民服务的扩展。

区域是生活便民服务的需求，制定相应的民生服务导航是必要的，也是实际位置和地理位置对于用户最好的推广方法。收购高德，本地生活的应用让淘宝本地生活服务平台的功能被放大，但是淘宝比不过微信的一点是淘宝无法作为社交工具单独存在。同时搜索小程序等一系列自制功能的入口难以搜索，用户使用不便，也对阿里巴巴的发展形成了阻碍。

从腾讯和阿里巴巴的情况对比来看，直接竞争的关系不仅仅在领域之中还在于各大的电商服务之中。

挖掘好本质就可以直观地看到入口不同，让微信和阿里巴巴的争端变大。支付宝是阿里巴巴的入口，微信是腾讯的入口，两者之间的区别决定了用户的黏度，可以说支付宝由于便利性有大量的用户使用，微信也是如此。而且，更多青少年可以使用微信也就让微信占据了青少年的市场；由于支付宝在商务上的便利性，让支付宝占据了上层商务领域。

阿里巴巴和腾讯两者之间还存在着路径的不同。根据用户的实际完成内容可以积累到对应的用户数据，让阿里巴巴得到扩展，腾讯的入口则被社交性质所遮掩。

扩展线下的能力也是阿里巴巴的定位。对于行业的理解，毫无疑问阿里巴巴是高于腾讯的，阿里巴巴的实验室侧重于便民服务的检测，而腾讯的实验室致力于计算机视觉等可以直接扶助本家主营业务发展的科技。这里也要提及百度，百度凭借搜索引擎得到了庞大的用户基数，也反映出对应路径的单一化，是传统企业的路径行为模式。

第四节　1 号店 O2O 模式：在巨头夹缝中生存

（一）扩大经营范围，使受众面更广

以 O2O 模式来扩大经营范围，通过线下线上相互配合，让经营从原本的线下定点，转移到了双方配合，同时借助实体店选址，在居民区附近建设便民服务 1 号店，让经营目标更明确。

1 号店落址在上海嘉兴南路，不仅仅由于社区的规模庞大，有着密集的订单，还由于这里地处市中心，很多的用户会蜂拥而至。1 号店的开创让整体的平台发展和市场前景得到了开拓。而且，1 号店不仅仅在商业模式上有所建树，在线下实体店上还有三家体验店为周边的社区提供服务。

（二）O2O 使供应链更完整

1 号店的商业模式来源于线上经验的总结，其 CEO 是亚马逊的高管。他能更好地引入优秀的管理理念，同时扩大了规模，让仓储等得到了完善。

为了让仓储和人力的费用得到解决，在不同的一线城市都建设好仓库，并且放置了不同的货源，一旦供货出现短缺的时候就可以快速进行补充。

1 号店的分拣向着自动化智能发展，对于供应商的筛选经由人工完成，同时要保证质量，让员工了解商品的位置，同时进行检查，员工分拣商品的高效化让物流效果得到提升。

为了扩大占据的市场份额，应对未来发展的不顺，全国都有着 1 号店发展的影子，可以说第三方合作奠定了企业发展的基石。企业达成了多项战略合作，完善了店铺系统和物流体制，完善了供应商链条和仓库管理，有着独特的营销方案和配送优先级。数据说明，周转周期的下降让企业的盈利空间扩大，相比同行来说有着周转期的优越性。另外，还根据第三方合作的模式不断下沉到小城市之中。

1 号店的成功在于 1 号店企业的尝试让不同的一线城市成功地开设社区体验店，同时提供便民服务，用户可以经由二维码或者应用程序来完成配送，可以达到“稳准狠”的效果。

第五节　O2O，微电商的生存之道

（一）微电商，移动互联网下的电商革命

随着互联网的发展，创业的门槛也在降低，很短的时间之内互联网行业内就涌入了大量的新兴行业。不过在短短几年间大量只想着盈利的企业就被淘汰出去了。还有一部分企业转为微电商，由于不同的监管规则导致微电商的发展有着不稳定性。

微电商如何以小博大？

随着微电商销售额逐渐上升，大部分微电商都可以瓜分整个市场的蛋糕，但是大企业直接抽取了蛋糕近八成的份额，微电商往往只能得到点零头。

经由微电商的激励技术让利润的空间被扩大，让同类的产品更加具备竞争力，同时微电商系统的产品来源可以被追踪，增强了民众的公信力。

微电商的平台上可以根据信息链条和数据库推荐算法得到曝光度，也可以经由付费的形式购买，这使得行业的效率得到极快地提升，让微电商行业内的信任度快速提高。

微电商平台想要更好的发展就需要不断提升商品的品质，形成私人化、定制化的高端市场路线。同时生活必需品的贩卖

可以直接获取大量的用户群体，微电商理当剔除劣质的商家，保留用户基数让利润空间扩大。

微电商行业还在发展的区段，从技术上解决微电商的物流和信息问题是关键。目前最为火热的技术就是微电商的服务系统经由多年的考量被大众认可。对于整个微电商的生态来说只有良好的信息传导才能够顺利完成任务。

（二）微电商，以小而美的 O2O 聚口碑

微电商作为发展最快的移动电商，销售渠道是极为广阔的。线上融合线下的模式，让零售的困难被解决，不过淘宝等购物平台也可以做到这一点。然而，微电商的商业模式是极为有效的，传统的零售效率较低，购物流程较慢，而微商很快就完成快速传递等事项。

微电商的市场份额每年扩大 20%，这源于微店的小，让消费者可以有针对性地消费，同时商品具备一定的独特性，达到消费者消费个性化的目的。

第六章

平台模式：多边共赢才是真的“赢”

信息时代企业依据生产价值链条来定义创新创造环节，让大量用户的需求得到满足。可以说企业能够成功不仅仅来源于自身的实力，更多的还是在设计、合作等方面，这是需要多个领域跨界实现的。

在信息时代连接是最为主要的共性。互联网技术的发展，万物互联的理念让商业产生了连接性，同时让原本的商业关系被区分，让行业的边界变模糊，扩大了合作范围，进入无边界的竞争时代。

第一节　用生态圈“统治”市场

所谓生态圈就是由大公司主导，以营造自身业务为目的，寻求上下产业链条企业合作的主流生态模式。在国内有大量的企业都是采用这种商业模式，多方合作共同塑造一个统一的市场并共享利益。

不论企业的成果如何，口碑终究是用户选择的关键。同时开拓出新的市场不仅仅可以带来良好的口碑，还让市场的“蛋糕”变大，让时间成本、研发精力极大降低，因此寻求企业合作是最好的选择。

（一）生态圈让价值最大化

生态圈在链接行业之后，各个行业之间的联系变得更加紧密，以物流为例，比传统服务模式节约了大约 30% 的成本，让商品的利润空间扩大。

（二）生态圈：共生与再生

商业之内存在着生态圈，组织和企业的合作共生就是生态圈理念的呈现。可以说生态圈一定会呈现出一定的特点，比如成员之间不是同一个行业，而是各有分工的；比如关系是嵌入式的可以直接联合处理；比如企业和企业之间组成了命运共同体，让各个企业共享利益。

第一点是异质性。

生态学中很多的生物能够组成生态圈。让生态圈得到发展也是现代商业领域的时代命题。

异质性是形成生态圈的必备特性，相近而相异决定了消费者是可以同时消费并且不会导致商品冲突的。例如，书籍出版商是优质的合作伙伴。索尼就和漫威有联动，漫威大量的版权被索尼购买，也就促进了索尼书店的发展。

书籍出版商也是传统价值链条的参与者，共性程度高。生态圈内的价值创造主要依靠的就是不同的企业，它们会共同塑造出一个适合大家盈利的空间，比如广场和商场。现在的商场大部分都是按照楼层来分配业务，让生态圈子达到饱和。

第二点是嵌入性。

嵌入性就是将事物本身直接嵌入另一件事物的联系之中。

书籍的运营商就是网络零售商户，比如亚马逊和读者群体有着最为亲密的互动，亚马逊的各种网页都说明对于书籍他们是认真的。而对索尼来说，其就缺乏和读者的互动，没有反馈，没有联系，所以索尼的实体书零售市场弱于亚马逊。

对于出版商来说继数字化书籍之后，电子书所能够带来的经济效益难以确定。但是中国的各类网文都表明，电子化书籍的阅读人数更多，市场发展前景更大，利润空间更为充足。所以盗版频频发生，这就是由于市场之内的蛋糕过大，部分企业消化不下，给盗版留下了空间。

嵌入性质不仅仅来源于企业，还有多个成员的关系。在嵌入性之中关系的连接是否紧密就要看企业之间的贸易协定，亚马逊和出版商的利益划分体制是优于索尼的，所以索尼的名声一直不够显露，大部分的用户对于索尼书店都缺乏认知。

第三点是互惠性。

互惠性是极为重要的生态圈特性，可以说没有互惠机制生态圈就是不完整的。企业不仅仅要在价值创造的过程之中参与进去，同时要对瓜分的利益进行分配，要在能维持企业运营的同时得到足够的利润。

索尼在线书店的价格与实体书比没有多少变化，对于用户来说不如购买实体书作为固定资产使用，所以在给线上电子书定价的相关问题上索尼一直处于劣势，只好自掏腰包补偿消费者和商家。这就是互惠性的问题。没有互惠商家会离开，没有足够的优惠用户会离开，任意一方的不满意都会导致索尼书店体制的崩塌。

相比于联系来说，生态圈更注重互利互惠的原则，要让企业和组织通过合作实现共同发展。

第二节　建设和完善平台生态圈

生态圈在商业领域的应用越来越广泛，商业竞争的核心也逐渐偏向生态圈的构建上。可以预见，未来商业发展的主要方式依然是在生态圈消费理念上。企业想要发展就离不开平台生态圈。

（一）多边市场定位，客户在哪

多边平台的发展让用户的定义被明确，多个用户群体的聚合让平台的价值被挖掘。可以说，对于某特定用户来说多边平台的价值才是重点；对于其余的用户获取针对某一社群的经济可以让平台运营的成本降低，通过免费的服务以便获取庞大的用户群体。

客户的来源在于生态圈。社群消费理念上，首先要有经营的目标，也就是特定用户，而通过社群理念，特定的用户拥有相同兴趣的社群，可以经由活动等项目让用户协同用户一起使用多边平台。

（二）规模不代表地位，梳理平台关系

德国的私人企业虽然小，市场份额却占比很大。德国的手

工业在全球都是有口皆碑的存在，规模并不与市场地位产生直接联系。地位来源于口碑，而口碑这个概念就诞生在平台生态圈之中。以手表为例，全球手表市场就是一个平台，德国手表在不同等级市场中依然可以保持较高的价格，来源于手表制造的工艺、时间和材质。德国手表在工艺上采用手工制造，名誉全球，所以才能获得较高的地位。

（三）如何构建平台生态圈

社交化的结构模式让企业可以和资源直接进行交互和连接，对应的机会让载体有所追求，同时企业和企业构造出生态圈，可以给予生态圈崭新的价值提供。很多的企业家都在思考如何构建新的生态圈。殊不知真正该做的不是如何去构建生态圈，而是如何构造出让利于大众的生态圈。一味地满足用户需求并不能做到最好，只有挖掘出用户的需求才可能成为世界领先的企业。

目前，移动网和物联网等技术手段让万事万物相互连接，大量的价值被提升，企业使用新的价值来追求更好的发展，同时社交化时代的来临也说明企业应当使用崭新的方式来应对，让开放链条成为生态圈塑造的主体。企业经由生态圈可以做到跨界和多元化的创新，让组织得到多样化的发挥，让企业共生的关系得到深入，让生态圈可以直接融入不同的模式中。

想要构建平台生态圈需要注意以下两点要素：第一是聚拢同类商品消费者，形成对应商品的专卖平台或者分类。比如珠宝玉石市场，就可以依靠互联网打造一个珠宝玉石的平台，在平台上提供鉴定、购买的服务。第二是一体化服务。对珠宝玉石平台来说，从毛坯料到成品，甚至是古玩、文玩，这些消费者都是一个类型、有着相同需求的，那么生态圈就要包含对应商品的售卖服务，并且提供鉴定服务，同时可以和最近大火的带货直播联系，通过直播提供免费的鉴定活动，通过直播的打赏来冲抵部分鉴宝师的工资福利，通过带货提升商品的售卖，从而实现消费者在该平台鉴定在该平台购买，所有的相关需求都在一个平台完成，也就形成了平台生态圈。

（四）利润池之争：先盈利还是先“圈地”

平台的企业成长是有瓶颈的，在获取大量的用户基数之后平台的能力也就被彻底激发出来，广大的基数带来了超越式的发展，可以说没有达到发展的瓶颈之前用户的上涨是迅猛的，用户数据和用户数量就是平台的资源。由于企业的特殊结构让扩张得以实现，比如淘宝等都在不断扩大用户群体的同时获利。

利润的总体空间称为利润池。这个利润池的获利方式都是先扩大规模，实际收获的利润就是池水，池水少，喝水就要抢，也就有更多的关注。同时池水多也就无法扩大规模，先将池的规模扩大，再注入大量池水，才是盈利之道。

第三节　阿里巴巴：平台战略下的电商帝国

马云就是阿里巴巴的符号。从 1999 年马云创立阿里巴巴，到现在阿里巴巴已经走过了 20 多个年头。阿里巴巴深刻地影响和改变着我们的生活，也影响着世界。2003 年 5 月 10 日，马云创立淘宝。2004 年 12 月 8 日，马云创立支付宝。2016 年 12 月 6 日，支付宝宣布已与欧洲 4 家金融服务机构签署合作协议，致力于为赴海外旅游的中国消费者提供服务。淘宝改变了中国市场的营销格局，对银行业发起了冲击，可以说，它既服务了消费者，又带动了中国加快向智能化的转变。从此，基于大数据的智能产业开始真正给每个人的生活带来改变，智能化的触角也延伸到人们生活的方方面面。

马云最初的构想就是营造出未来可以成长的平台，做到一台多用。这个平台的发展核心思维是整合各类资源达到生态圈的塑造，这一点和互联网技术不谋而合，几乎是迎合时代的创新。

可以说平台的制定让标准有了规范，贩卖的商品经由庞大的流量直接促进商品流通，让庞大的国民经济跑起来，这是淘宝独创的具备创新性的举动。

（一）平台模式，最高级的“游戏”

平台模式的游戏概念在于竞争和吸引力。线下各类行业都在抢做平台。珠宝玉石有专门的销售平台，甚至于直播，卖货也都有对应的流量平台。平台获利在于用户的流量，越多的用户，平台也就收益越多，通过带货等方式又能从用户之中得到利润。用户在平台中得到了所需要的全部内容，这就让一个消费者产生了集中消费，所有的利润在平台中产生，平台从产生的利润中获利，同时利润本就是平台提供的服务之一，实现了最高级的利润吸收目的。

（二）看不懂的决策背后，是平台战略的指引

平台塑造的精髓在于营造出多类主体，共同进步、合理共赢的生态圈让单边服务全体网络效应得到最大化发挥，同时盈利模式可以被准确地预测。平台的战略往往是高瞻远瞩的，是放眼未来的计划和发展。

在平台战略竞争中，证券行业迟早是要推出更便民、更方便的证券平台的。散户同样是证券行业的有生力量。一直以来证券行业都过多地重视大客户而忽略了散户，这将会在未来平

台战略施行之后给证券行业带来毁灭性的打击。为了在新时代浪潮的席卷下获取到对应的利润空间，就需要做到以下三点：第一是要根据数据对于用户的需求进行挖掘，让客户的价值上升；第二是定点补贴，让客户不断被补贴吸引从而使用平台获取消费服务；第三是让利润散开，营造出新的盈利模式，实现不同行业的竞争。

第四节　顺势而为，传统行业如何做平台

近年来各大手机行业巨头都试图搭建平台：苹果是建立了只能在自家手机上应用的平台，亚马逊是联合多家企业打造优质的购物平台，谷歌的学术平台是全球首屈一指、最为权威的网络搜索平台。在硬件方面，三星不断网智能化电气平台搭建完成，塑造出世界第一个电器平台。

现下的时代是最好的时代也是最坏的时代，在新的商业浪潮中能够找到规律就可以成为新时代的弄潮儿，可以说平台模式内大量的企业顺应大势而动就可以实现利润的扩张。

（一）平台模式，最好也是最难的模式

平台的模式难以塑造。平台是交易的场所，平台类型的商业模式就是聚合信息并提供给消费者的模式，大量的价值都是经由平台完成改造的。因此，商业模式下平台模式就是连接互联网和各个小商户的主要模式。

平台的主要经营方式就是整合相关信息，将相关信息的特征提取出来，提供给使用平台的消费者。平台开放之后，低门槛让大量的企业涌入互联网的行业之中，也就是人人都可以参

与，让资源整合变得很顺利。

平台商业模式的流行在于用户规模的扩大，大量的商家和消费者让平台获利斐然。可以说商业模式可以有效地拉动消费者，让大量消费者的需求得到满足。

平台类型的商业模式颠覆传统的价值链条，迎合着消费的取向，使得用户的体验值上升，这是当下最为主流的商业模式。而以往垂直类 B2B 平台难以成功有三个主要原因。

第一，收费模式不靠谱，平台没法提供足够的增值服务。

收费模式平台很快就会流失掉所有的用户，不光是产品的提供者，还有消费者。用户对于收费类型的平台几乎没有黏度，在体验到服务的瞬间，了解到需要付费的时候就会放弃。

第二，用户关系不靠谱，买家会跳过平台直接和供应商交易。

平台如不能将供货商和平台、用户和平台的关系靠紧，就会导致用户离散，用户和供应商脱离平台交易；导致平台的利润仅仅来源于用户流量，更多的利润流失在脱离平台交易中。

第三，交易价格不靠谱，平台没法做到价格透明化。

B2B 模式平台，价格非透明化，商品不能起到同类相比的作用，导致交易价格上下起伏大，用户离散；也导致商户私自定价，无法达到促进竞争的目的；还导致商户没有聚集在平台中。

（二）找准核心优势，建设阶段性平台

第一，平台构建。

（1）网络效应是关键一点。比如购房，首先要锁定对应的目标，再根据数据算法进行有针对性的搜索。

（2）盈利。选择目标对象之后就可以选择对应的盈利模式。

第二，平台成长。

想要让平台得到成长就需要不断扩大规模，让社群和主要论坛得到成长。

（1）追求质的提升。提升业务管理质量，帮助客户推广各类产品，形成网络营销方案，从而得到资源，获得效益。

（2）细分市场，精耕细作。例如，专注房地产市场，由于房地产的衍生，让房源信息得到确认，在搜索引擎的关键部分，联合线上线下为对应的人群提供对应的策略。

第三，平台进化。

平台想要进化，第一点要扩大用户基数，平台的全部利润都来自使用平台的用户，用户基数的多少直接决定了平台的利润空间。

第二点是完成平台生态圈建设，让消费者的全部消费需求都可以在一个平台之中完成，锁住一个消费者的全部利润。

第三点是透明化、公平化引发市场竞争，合理的市场竞争可以产生合理的价格，让商户的向心力更强，用户不会轻易流失，对平台产生依赖性。

第四，平台竞争。

（1）平台的竞争不仅在于搜索上，更在于融资上。有了足够的资金，有了足够的市场价值，就可以让所有人受益，在满足社会责任的同时达到营利目的。

（2）焦点在于广告环节，让主要平台得到宣传，如果针对对应的缺口进行输出就可以得到利润空间。

（三）扁平化思维：从层级到平台

从层级到平台需要以层级为最小单位，层层叠加，从而完成平台的搭建。层级就是消费者的单一消费需求取向。以珠宝玉石市场为例，消费者分为原石、文玩、古玩三个大类。三个大类中，又可以根据不同的材质、成品、价值等划分成各类小层，这就是三个层级。此外消费者还需要鉴定服务，这又是一层。消费者和消费者之间需要交流，这又是一层。消费者需要多家供货商比较价格，这又是一层。这六层叠加在一起，就构成了一个平台的层级。那么珠宝玉石平台构建需要提供珠宝玉石市场分类功能交易服务，开通社区功能提供交流服务，开放鉴宝服务，开放直播服务，让鉴宝交流、购买带货一体化，完成一个平台的基本功能。

（四）医药平台模式案例——以恒爱 OTC 为例

2006 年，为了顺应中国医药行业的发展和连锁领域的变革，胡禹成老师作为创始人之一，全面参与了商业模式项目论证和项目运营。在深入剖析国际、国内联盟组织的运营模式，结合国内连锁药房政策导向和行业状况，借鉴国际成功经验，通过科学的市场分析和精心筹划，创造性地建立了药品销售合作型组织——恒爱 OTC 战略联合体（下称恒爱联合体）。恒爱联合体的模式主要是联合东三省连锁药店成立合作平台，统一采购，降低成本，同时向联盟所有连锁药店成员免费进行各种培训，包括组织公开课、开办总裁班、药店采购班、药店店长班，还有每月上门对恒爱联合体成员进行管理和营销以及专业的培训。恒爱联合体服务平台的专职医学讲师、营销讲师以及管理老师，累计为恒爱联合体成员上门培训 10000 多场，累计培训 60000 多人次。恒爱联合体以高品质的服务，从根本上解决了药店的采购难、销售难、管理难等现实经营问题。

经过长期的潜心经营，恒爱联合体已被打造成东北规模最大的专业化药品营销与服务平台，其成员单位遍及黑、吉、辽、冀、晋5个省270多个县市，覆盖人口2.05亿。恒爱联合体已发展成为全国三大OTC联盟之一，销售门店1亿家，连锁店员5万多名，在全国健康指数中名列前茅。通过几年的努力，恒爱联合体已发展成为国内各大联盟中稳定成长的典范。恒爱联合体的盈利模式主要是依托平台整合上游药厂，并购中游药厂，帮扶下游连锁药店。同时，在全国医药联盟中，它是第一个集中成员资本实行股份制的。它成立了经营实体组织——恒爱大药房连锁有限公司。恒爱大药房是联合体的衍生产业，也是医药行业中的一大创举。

恒爱联合体已经成为专业、专一、高效的支持中小型连锁药店健康成长的不可替代的服务平台，同时成为全国第一大新特药运营平台。恒爱联合体的平台模式已成为医药行业典范。

恒爱联合体的成功是模式的成功，却不仅是模式的成功。先进的模式需要开创性地建立，也需要系统化地维护。这就如模式是思维的成功，却不只是思维的成功一样。模式需要思维的逻辑，需要思想的格局，但模式更需要努力去坚持，需要认真去执行。说到底，模式的健康成长与模式的产生同样重要，这是以胡禹成老师等联合体创始人为代表的优秀企业家为商的先行之道与匠心之道！

第七章

商业模式变革不是平行路

现下商业模式最成功的就是平台生态圈构建。要构建一个生态圈首先要确定市场，然后根据市场的消费和连带消费划分层级，叠加层级成为平台，让消费者所有消费都在一个平台完成。开创新商业模式才是现代商业快速盈利的最佳方式。

第一节　模式交叉，是选择也是必然

人们常常认为商业模式的主导地位就是行业的领先地位。制造业中就存在着一定的刻板印象，比如原材料的产地等，在核算了产品的成本和收入之后得到的相关利润将会在新的经济形势之下得到发展，让商业模式不断扩大规模同时让行业不断产生新的商业模式，比如免费、收费等。

可以说，不同的公司有着不同的经营目的。手机公司不仅要盈利，还需要让自己生产的手机具备世界上最为独到的创新力才能满足市场需求。

（一）模式交叉使商业发展更灵活

小米手机素来以性价比高著称。其实不只手机，其他硬件包括智能手环、AI 音响等也是如此。2018 年，小米提交 IPO 申请期间被爆出其硬件利润只有 5%，相比于苹果的 35%、三星的 15%，可以说是非常低。而小米选择这样的商业模式背后的逻辑就是增值产品的交叉补贴。

小米就是依靠近乎成本的价格来实现硬件铺设，用户的规模人群搭载在硬件之上的平台给予互联网服务的支撑，让相关的产品和业务得以赚取相应的利润。

在很多的付费策略中，存在只有会员才能够看到的独享内容，得到的独享权限，比如电视行业之中大部分都是以网络无线的方式传输节目，而只有付费之后网络节目等才可以观看。

（二）智能商业时代推动商业模式变革

应对商业智能化时代的来临，旧时代的传统企业难以替代，很多情况下都会被边缘化，这就说明传统企业之中信息革命是最重要的一步，没有得到信息就无法在新时代的浪潮下艰难求生，无法获取到最高的利润。

商业时代智能化并非突然的改变，而是有趋势的、不可逆的、不断发展的。在商业模式下互联网的影响是方方面面的，不仅影响着很多的规则，连很多的传统龙头企业也不得不做出改变。

第二节　开启属于自己的变革之路

行业间竞争的激烈是不言而喻的，同时由于不断地出现模仿者和追随者，导致企业的竞争环境极为严峻。企业一定要把握住时代才能够跨越自身的界限。

（一）深度剖析，明确合适的模式进行变革

商业模式的变革有着以下不同的视角。

战略化规划视角：企业如何实施商业模式的改革首先要考虑的内容就在企业为顾客创造的价值上，用户的需求得以满足才能够让企业获利。企业如何去创造价值，可以说不去分析市场环境、不去了解用户需求、不去分析企业的现状就无法提升利润空间。

层层递进视角：商业模式的变革对于时代来说是不断发生的，对于企业来说变化不能够操之过急。

知识管理视角：商业模式的初衷就是帮助企业完成传播，分析价值的步骤，同时也是塑造出逻辑体系的关键。商业模式不仅是企业进行管理价值的方法，也是转化企业所拥有价值的关键。

价值系统视角：企业的价值体系会有极大的变化，技术的变革将会直接影响价值变化。用户需要稳定的价值和环境。企业要面对社会的舆论和压力才能够完成自我的蜕变，企业需要不断了解自身所处的价值系统。

模块重组视角：商业模式实质上就是对于模块的组合。免费的模式、互联网的模式都是商业模式的一种。商业模式想要发展、完善就需要具备核心竞争力。不同的组合方式构建出不同的商业模式，商业的冲突也由此发生。优秀的企业家经由重组商业模式之中的模块来完善自身的企业。

变革程度视角：更多的企业需要不同的商业变革，可以说企业在变革时需要依据自身所持有的资源来获取的费用转变商业模式。企业转变模式也有不同的方式。现实的模式下不会更改商业模式的实质，而是会挖掘出企业的商业潜力。

更新模式视角：更新模式也是重要的企业转变模式。此模式下可以让企业的核心能力不断发展。更新也有不同的方向，比如更改成本结构和通过改变服务对象来改变商业模式。

（二）变革实践，善于反馈和改造

商业模式变革目前来看是大方向不变，小细节精算。方向都是构建平台生态圈，细节则是针对平台运营中发现的问题，发现可以添加的内容，进行补充更改。举例来说，一开始的直播都没有带货这方面的内容，但是在2020年直播带货创下了电商平台运营的新高，这就是在平台运营中发现可以添加的内容，在实践之中发现了可以添加的内容，要善于反馈和改造，让平台及时抓住当下的发展机会。

（三）商业模式变革——没有终点的旅程

商业模式是没有定论的。这些模式都取自当下社会的流行和社会消费观念。商业模式要贴合消费者，就要发现消费者潜在需求并实现需求，商业模式不会有最终形态，只会根据消费者不断改变的消费观念、不断加强的消费理念而进行变革。最好的商业模式永远是贴合当下消费者消费理念的商业模式。

（四）合伙人商业模式案例

2019年，胡禹成老师和叶莉青女士等17个股东共同投资杭州云享控股集团旗下的“推推火”AI智能获客系统，合伙人商业模式由此产生。

推推火是全球首款智能获客SaaS系统，上线后即获多方资本追捧。2019年4月获得雷宇财智战略投资估值8760万元。5月在全国布局，不同行业的联创股东“十八罗汉”正式组成。

胡禹成老师成为医药行业方面的股东，另外 17 个股东来自不同行业。凭借着资源高效整合，互联网合伙人模式开辟了新的篇章。合伙人商业模式启动后，7 月开启全国千城服务商计划。短短 3 个月时间已在全国 100 多个城市招募了 130 多位城市服务商及合伙人，同时招募了 50 多位创业服务导师帮助全国的服务商及合伙人快速成长。

推推火是基于互联网技术而服务于实体商业的全新商业模式，它的技术骨干全部来自国际国内一线互联网公司，阵容相当强大。“要想生意火，首选推推火”，这是推推火人的宣传标语，也是梦想！推推火成立的初衷就是赋能全国中小企业，立志帮助至少 100 万家企业实现产业智能升级，帮助这些企业商户提升客流量。推推火 = 智能获客系统 + 社交电商系统 +CRM 员工客户管理系统，即它除了具备最基本的功能——快速帮助企业获取精准客流量，同时兼具成交系统、数据分析系统、人员管理系统、客户锁定与沉淀等强大功能。推推火商业模式即将也必然成为互联网新的传奇！

推推火合伙人模式是全新的商业模式，有着旺盛的生命力。这种模式有着集成性、综合性、科技性、前沿性、普适性，甚至有着使命性，这是一种高级的模式。高级的商业思维必然凝聚着多重的商业智慧，这也正是合伙人模式最大的意义。

图 7.1　推推合伙人经营团队成员

2019 年 10 月 1 日，在举国同庆的日子里，推推火荣登纽约纳斯达克，向世界挥手，礼赞祖国的 70 华诞。

图 7.2　推推火荣登纽约纳斯达克，向世界展示科技的魅力

图 7.3　国庆黄金周，推推火霸屏纽约时代广场

图 7.4　这里是世界的十字路口，这里不分白天黑夜

美国纽约时代广场因其顶级商业价值被誉为“世界的十字路口”，每年都有千万商业巨头汇集于此，年均人流量高达到 5 亿人次，是全球当之无愧的商业核心地和知名财富地标。其中，纳斯达克半圆柱形巨幅屏是最受瞩目的标志性建筑之一，被称为“世界第一屏”，历来都是世界顶级优秀公司的秀场。

近年来，中国的政府形象和优秀品牌不断登上纳斯达克巨幅屏幕，从 2011 年的中国国家形象片，到北京、上海、浙江、江苏等省市的形象片，再到阿里巴巴、百度、华为、格力等优秀企

图 7.5　优秀企业荣登纳斯达克屏

业，纳斯达克不断把中国优秀品牌形象和声音传达给全世界。

推推火为云享控股旗下品牌，在布局微信产业互联网生态近 6 年后，于 2019 年 3 月正式推出 AI 智能获客系统。推推火作为移动互联网企业服务生态的重要一员，带着赋能中小企业、振兴实体经济的使命，在“世界的十字路口”，向世界展示了中国企业在科技赋能领域的成长。

参考文献

[1] 张婧雅:《“互联网+”背景下大数据对管理会计创新发展的影响研究》,《现代营销》(下旬刊),2019年第9期。

[2] 曾鸣:《智能商业时代需要“点—线—面—体”战略思维》,《企业观察家》,2018年第9期。

[3] 邵振伟:《智能互联时代的商业重构》,《商业观察》,2016年第6期。

[4] 赵勇:《大数据革命》,电子工业出版社2014年版。

[5] 潘国刚:《免费、免费模式及其商业逻辑》,《民营科技》,2018年第9期。